COLLECTION POÉSIE

JEAN COCTEAU

Le Cap
de Bonne-Espérance

SUIVI DE

Discours du Grand Sommeil

*Préface
de Jacques Brosse*

GALLIMARD

Naissance du poète invisible

Chaque fois que je m'amuse
Ou ne souffre pas par lui
Mon ange, espèce de muse,
Me replonge dans la nuit.

Plain-Chant

Depuis que définitivement le poète est devenu invisible,
depuis que le cycle, tant de fois recommencé, de ses morts
et de ses renaissances s'est pour nous brutalement refermé,
et cette fois Jean ne s'est plus relevé de la couche sur
laquelle, dans le Testament d'Orphée, il s'étendait,
depuis que, cessant de le dévisager avec une amicale et
indiscrète curiosité, pour savoir s'il ne portait pas un
masque et ce qu'il y avait derrière, nous pouvons enfin,
comme il le souhaitait « l'envisager », c'est-à-dire lui
rendre ce visage que par malice et par pudeur il nous
cachait, s'étonnant ensuite de n'être pas reconnu, et contem-
pler ses traits en leur ultime sérénité, il n'y a plus de doute
possible, sa vie, en apparence agitée, dispersée, à cause
de ce besoin, né au fond d'une grande modestie, d'être
sans cesse approuvé, de ce désir, véritablement compulsif
d'aimer et d'être aimé, lui qui si peu s'aimait, sa vie,
on le saura quelque jour lorsque se seront tus les bavards

7

et les médisants, fut en son essence une aventure spirituelle et son œuvre en demeure le fidèle compte rendu.

C'est très précisément ici, dans ce recueil intitulé Poésies 1916-1923, publié en 1925, que Cocteau pour la première fois tente de relater ces expériences qui bientôt prirent dans sa vie intime une place sans cesse accrue, au point de peu à peu la remplir, qu'il tente de communiquer aussi clairement que possible la révélation d'où devait sourdre et couler ce flux poétique qui, avec le Requiem, cette pré-vision de la mort, plonge enfin dans la mer.

L'expérience primordiale, le choc qui provoqua un court-circuit interne et, retournant l'être sur lui-même, le mit face à face avec cet autre moi, jusqu'alors insoupçonné, mais devenu tout à coup évident, c'est le baptême de feu, de boue et de sang, reçu par Jean Cocteau dans les tranchées à Nieuport en juin 1915, au milieu de ces camarades qu'il avait adoptés et qui l'avaient adopté, ces fusiliers-marins du Discours du Grand Sommeil qui périrent tous dans un assaut, le lendemain même de son départ.

Expulsé de force et seul survivant, le soldat clandestin, sauvé malgré lui, le poète invisible qui d'un coup avait surgi et allait s'essayer à traduire « cette langue morte, de ces pays morts où ses amis sont morts ». La mort, elle ne l'avait que frôlé, mais il l'avait vécue, pas seulement avec eux et en eux, qui ne revinrent pas, mais en sa chair et en son esprit.

Orphée, de retour des Enfers, a le droit de parler, il en a plus encore le devoir, devoir désagréable, risqué, mais impérieux. Car ce qu'il faut que maintenant il enseigne aux vivants est le contraire de ce qu'ils imaginent. Et c'est cette stupéfiante confidence chuchotée à l'oreille, le poème en prose « Visite », confidence stupéfiante si l'on songe que le poète dit ici, avec le plus grand naturel, la plus grande simplicité, ce à quoi précisément le langage se refuse, qu'il parle d'un lieu où nos mots n'ont plus cours : « Constater cela me suppose sorti du système... J'ai peine

à *trouver des mots qui répondent aux choses que j'éprouve.*
Aucune puissance ne m'a défendu cet essai d'éclaircir les
mystères, mais je me sens un drôle de coupable, car je
suis déjà l'organisation que je dénonce. » *C'est en effet*
parce qu'il est passé de l'autre côté qu'il peut ainsi définir
la vie : « *J'étais une eau qui avait la forme d'une bouteille*
et qui jugeait tout d'après cette forme. Chacun de nous
est une bouteille qui imprime une forme différente à la
même eau. Maintenant, retourné au lac, je collabore à sa
transparence. Je suis Nous. Vous êtes Je. », *formule d'initié*
qui fait s'entrebâiller le mystère.

Ce 22 juin 1915 est la date de naissance de l'Ange,
et le Discours du Grand Sommeil *est le récit d'un éveil,*
celui de

> « l'ange informe
> intérieur, qui dort
> et quelquefois, doucement
> du haut en bas s'étire :
> il se réveille! »

Cocteau jusqu'alors avait cru deviner en certains de ces
passants — qu'il ne connaîtrait jamais, et il ne les aurait
connus que pour s'apercevoir de son erreur —, en ces pas-
sants dont, tout au début d'une vie, Dargelos est le type,
des anges. Il ne savait pas encore que celui qu'il cherchait
au-dehors était en lui, inconnu, informe, endormi. Et cet
ange, voici que d'un coup, d'un choc, il se réveille, il se
révèle, voici que cette « *espèce de muse* » *dicte au poète*
les mots qu'il faut qu'il prononce.

L'Ange qui incarne ces rencontres dramatiques avec la
beauté, ce désir perpétuellement insatisfait et qui ne peut
se satisfaire, l'Ange s'intériorise, le désir se sublime ;
puisque l'homme ne peut posséder la beauté, il la créera.
Mais l'Ange, c'est le renoncement, c'est la souffrance,
c'est la nuit, c'est l'autre monde, obscur, inconnu, où le

9

trop humain Jean doit s'avancer seul jusqu'aux limites de l'humain, seul, car l'Ange n'est pas une compagnie mais la main sur son épaule qui le pousse brutalement en avant.

A cet instant, il fallait choisir. Et Jean Cocteau, rechignant, maugréant, maudissant ce destin exceptionnel, commença de boîter, un pied dans un monde, un pied dans l'autre. Toute sa vie, toute son œuvre même furent dans cette alternance, il allait vers les autres, car il ne pouvait se passer de leur chaleur, de force on le ramenait à ses œuvres, on l'obligeait à devenir le poète invisible, « recueilli, comme Rimbaud, dans un travail infâme, inepte, obstiné, mystérieux »... « afin d'inspecter l'invisible et d'entendre l'inouï ».

Cette « vocation », cet appel n'alla pas sans combat, sans déchirement ni sans crises. Cocteau lutta toute la nuit, toute sa nuit contre l'Ange avant de succomber, de s'avouer vaincu. Longtemps l'Ange fut pour lui l'adversaire, il l'aimait et le haïssait du même mouvement. Mais, peu à peu, il se mit à lui ressembler, à coïncider avec lui. Et du même coup, sa vie aussi se mit à épouser de plus en plus étroitement son œuvre. Ces élans poétiques qui d'abord semblaient l'éloigner de lui, l'entraîner à la dérive, le ramenaient à ce nouveau moi qui croissait en le détruisant lui-même. Tel, sous la carapace vernissée de la chrysalide, le papillon, assassin de la chenille.

Mais l'Ange au départ le lui avait annoncé :

> « ... seuls, mon ordre, ma tactique
> délivrent
> le texte emprisonné
> qui préexiste,
> et, déjà,
> patiente en désordre
> dans l'alphabet. »

Il lui suffisait, maintenant qu'il savait écouter, de transcrire en mots humains cet inhumain message. Il lui suffi-

sait..., mais la tâche était presque impossible, puisque rien n'était moins apte que le langage à une telle traduction. Aussi lui fallut-il le briser, le désarticuler, en éclabousser la page, lancer en l'air les mots pour que, retombant au hasard, il se crée des combinaisons imprévues que seul peut trouver le hasard, ou encore revenir paradoxalement à l'alexandrin, à la cheville qui amènera peut-être ce mot que le poète a sur le bout de la langue et qu'il ne parvient pas à expectorer. Aussi lui fallut-il dérouter l'intelligence, la conscience, la mémoire, la poésie même.

En quête du trésor perdu, il reste

> « ... seul
> debout dans la mine
> avec sa carte
> sa pioche
> et sa bêtise. »

Aveugle, il cherche à tâtons dans cette muraille de mots qui, nous entourant, nous protège du réel et tragiquement nous en isole, la pierre, l'unique pierre qui, cédant à la pression, fera s'écrouler le mur et apparaître l'indicible.

Jacques Brosse

Le Cap de Bonne-Espérance parut en 1919 aux éditions de la Sirène. Le *Discours du Grand Sommeil* parut pour la première fois en 1925 dans le recueil *Poésies 1916-1923* publié chez Gallimard.

Le Cap de Bonne-Espérance

(1916-1919)

CONSEIL DE GUERRE DE PARIS

Le territorial Compagnon est un soldat de quarante-trois ans à l'aspect grave et triste.

Sous l'inculpation de désertion, il était poursuivi hier devant le 2ᵉ Conseil de guerre de Paris que présidait M. le colonel Chartier.

« *Pour quel motif avez-vous déserté?* » *demande le Président au prévenu.*

LE PRÉVENU. — *J'avais demandé une permission qui m'avait été refusée. Pourtant j'avais besoin d'aller chez moi, à Stains, près de Saint-Denis. J'avais, là, des pommes de terre à arracher, ça ne pouvait pas attendre. Quand je suis arrivé chez moi je me suis mis aussitôt à la besogne et j'ai travaillé ferme.*

Lorsque mes pommes de terre ont été arrachées, je suis revenu en hâte. Je ne croyais pas avoir commis une désertion.

LE PRÉSIDENT. — *Nous sommes en temps de guerre, vous semblez l'oublier, et quitter son corps pour aller arracher des pommes de terre dans son champ ne saurait être toléré! Ce n'est pas un motif sérieux que vous invoquez là...*

LE PRÉVENU. — *Il fallait bien que mes pommes de terre soient arrachées.*

Dédicace

*A Roland Garros
prisonnier
en Allemagne.*

Garros je te
          Garros   ici
                          nous

toi   Garros
Plus rien que ce silence noir

Morane

Un déjeuner à Villa Coublay

On voit dans un stéréoscope
toutes tes photographies

Malmaison

La pelouse les abeilles
la harpe de Joséphine
                          une grosse
aile cassée

Tu habitais sa chambre
cher créole

18

Cüstrin si loin dans Joanne et Larousse
Cüstrin si difficile à trouver sur la carte

Garros   nos vols
Je croyais que nous tombions
et c'était ta signature

Un fil de ciel coupe
une motte de cœur en deux
                    infiniment

et on déplonge

            mais va
            je connaissais ta poigne
pilote
familier du cambouis

et sur nos silences de scaphandriers

à l'envers

la ville morte

        Accroche-toi bien Garros
accroche-toi bien à mon épaule

Dante et Virgile
au bord du gouffre

Je t'emporte à mon tour
aviateur de l'encre
                moi

et voici mes loopings
et mes records d'altitude

Ne m'interroge plus c'est inutile
car sourd
dans mon vent mon moteur et mon masque
je te choisis
exprès
prisonnier des hommes

incapable de te défendre
contre mon cadeau fraternel

En marche avec toute l'usine

Les mécanismes sont entrés en rumeur

Voici les rag-times énormes
les courts-circuits
les tics de lune

Une bielle rime avec une bielle
un piston avec un piston
un écrou avec mille écrous

mais non les uns contre les autres

mariés
de loin

la même huile circule entre les jointures

et chez le dentiste funèbre
le condamné américain

envahi d'ampères

comme un navire
coule à pic

Voici le chant d'obéissance

notre rôle exigu
d'esclave

et toi
l'ange de plomb Garros

ta belle ta triste épopée

Nous sommes lourds mon pauvre ami.

Préambule

*Ébauche
d'un art poétique.*

Il n'y a pas une minute à perdre

Les coqs
ce brouhaha de limbes
ces
aboiements de fantômes en fuite
autour de l'église   angélus

Le hameau
accouche   il
                  est pâle   il a peur

Allons debout

Je dirige ma lourde équipe

Une hirondelle

                  suce

                  avidement   son cri aigu et

chavire
au gazon orageux

Les hirondelles
les hurlements acidulés

Alors
le sang
ártésien
encombre une plante
infaillible

Un avion d'aube m'éveille

      Au fond de l'océan
      l'éponge écoute

une hélice transatlantique

dans son cerveau appesanti
dans sa ruche de sel amer
dans ses poumons d'étoupe jaune

Désengluons-nous de nos rêves

Le grain de seigle
sans babil d'herbe
et loin des arbres orateurs

je

le

plante

Il   germera

Mais renonce aux noces champêtres

Car le verbe explosif tombe sans faire de mal
éternel à travers
les générations compactes
et sinon toi

       rien
       ne percute

sa dynamite embaumée

Salut
j'écarte l'éloquence
la voile creuse
et la voile grosse
qui font dévier le vaisseau

Mon encre encoche
et là

et là

                et là

et
là

dort
la profonde poésie

L'armoire à glace charriant des banquises
la petite esquimaude
qui rêve
en boule
aux nègres moites
elle y avait le nez
            aplati
contre la vitre des Noëls tristes

Un ours blanc
chamarré de moires chromatiques

se sèche au soleil de minuit

Paquebots

L'énorme chose de luxe

lente à descendre
avec toutes ses lumières

ainsi
sombre le bal
dans les mille miroirs du palace

Et maintenant
c'est moi
maigre Colomb des phénomènes
seul
devant une armoire à glace
pleine de linge
et qui ferme à clef

Le mineur opiniâtre
du vide
exploite
sa mine féconde

le possible brut
y   miroite
emmêlé à sa roche blanche

O
princesse du sommeil fou
écoute mon cor
          et ma meute

Je te délivre
de la forêt
où nous surprîmes l'enchantement

Nous voici
par la plume
l'un à l'autre
mariés
sur la page

Iles   sanglots d'Ariane

les Ariane
                se   traînant
        les Ariane   les otaries

car je vous trompe mes belles strophes
pour
courir éveiller
ailleurs

Je ne prémédite aucune architecture

Simplement
sourd
comme toi   Beethoven

aveugle
comme toi
Homère
vieillard innombrable

né partout

j'élabore
dans les prairies du silence
intérieur

et l'œuvre de la mission
et le poème de l'œuvre
et la strophe du poème
et le groupe de la strophe
et les mots du groupe
et les lettres du mot
et   la moindre
boucle des lettres

c'est ton pied
de satin attentif
que je pose
danseur de corde
rose

aspiré par le vide

34

à gauche   à droite
le dieu secoue
et je marche
vers l'autre rive
          avec une précaution infinie

New-York la ville aux perchoirs d'ange

et toi

petite Acropole
non
de l'Allemagne où s'ébauche
une éternité contre nature

Cet ascenseur
cette colonne
montent toujours

sommeil de lignes idéales

        dieux
        éreintés
        endormis là

Comme l'oreille écoute au coquillage
une rumeur héréditaire

l'œil
contre un presse-papier de cristal

voit

le carrousel   des silences

l'Inconnu se coagule
diluant
toute une flore

mains d'ectoplasme
et poulpes d'ombre

Sur la rétine de la mouche
dix mille fois le sucre

On espérait Dieu
là-dedans

Acrobate
mime parfait
je vous   admire

marchant sur nos pieds
nos bras
libres pour le geste quelconque
mais vous
sur vos mains
lentement
la jambe utile s'interrompt
juste où il faut
gerbe exacte

L'épaule seule ayant connu le joug
                    respire
                    libre

et nul
mieux que toi la fugue Igor
nul
mieux que Picasso l'anatomie

nul mieux que moi l'arithmétique
alexandrine

Marche

Ne te retourne pas

Ton passé flambe

Tu deviendrais
une chose de sucre
une statue
de sucre
assise   Marche   écrase

Hercule assassin de colombes
Tropmann

pour que se termine l'enfant
conçu dans la solitude androgyne

Je suis la pile
vide
bête lourde à la merci
d'une décharge

en moi
l'orage mûr
ce cataclysme domestique
électrolyse du bétail
enroule une Alpe
au baromètre anéroïde

A tous les étages du ciel
On déplace les meubles d'ombre

Dieu roucoule au sommet des arbres ahuris

            où   va
    ce frais nuage obscur
         secoué
         de   tics   mauves

Je sens venir une secousse

On pavoise en moi des estrades

Une procession s'ébranle ailleurs

Serai-je digne
Cuméenne écumante
sibylle secouée
ambassadrice
piège à dieux

Après la crise crépite
un reste de phosphore
un
écho de rire d'Olympe
à mes parois

41

Ils les crurent notre lumière
et ma musique
en vérité   car
ils cherchent à leur échelle
mais toi
que cette flaque
t'emporte à l'océan Indien

cette badine

                    au cèdre
                    aïeul   Far West
                                creusé
                                tunnel
                                ténèbre
                                écorce

                          En lui
                    je l'ai vu sur une réclame
                    de la compagnie
                    des Transatlantiques

le mail-coach écarlate
se jette
étaminé
de trompes d'or

Penche ce rail   incline

un toboggan verni

observe
l'alphabet

déjà
tout neuf   pelotonné
le poème en ordre
y remue

Marche   voyageur vers la gauche
jusqu'à ce carrefour avril
où
t'éveillant
aux coqs contagieux de l'aurore

il ne reste plus
qu'une seule route

qui est à gauche
à droite
et au milieu

comme le Père le Fils et le Saint-Esprit

Tentative d'Évasion

Maladresses pour
s'évader de la terre.

Toi géolâtre
cultive défriche économise épouse
copule

et lourd
et lourd ton pied

foule ton lot patrimoine

Ta semelle de plomb

antipode

Enfonce ta bêche
retourne ton champ
forçat géologique

Triste labeur du planétaire

Prisonnier de ta présence
le sol stratifié t'aspire
fils de la terre
et retenu ombilical

A plat ventre contre elle
on porte l'infini à cheval
sur le dos

Lourde lourde
tuf despote

D'un seul baiser la mère écrase
le fils prodigue

Ce papillon blanc
un mistral de zéphir
le   déhanche   après la messe
          par   les   collines
    jusqu'où il va

il se ferme sur une ombelle

L'oiseau gosille arboricole

L'arbre païen enthousiaste
qui acclame la saison
puise la sève
aux catacombes

Moi j'écoute
les pioches sourdes
les chocs sourds
de l'Inconnu   chocs sourds
chocs sourds de pioche

Le mineur debout
retenait sa respiration
creusant la galerie inverse

Il cherche   à rejoindre
les autres

Frère des pilotes punis
là on égorge qui monte

Du ciel la perle est maladie

Ils mouraient tous au littoral
des promenades
interdites

Moi   le Vasco du triste effort
le capitaine

debout dans les ténèbres
bien sensible à l'inhumain
j'attendais les parlementaires
d'une alliance avec le vide

Des chromatismes
jamais vus
empêchent
la tuberculose

Une hélice
visible ailleurs
son fantôme ronfle chez nous
prouvant le disque

et fauche la main incrédule

    donc
cet ange ailleurs distrait

           cela peut
           chez nous
           apparaître

L'adorable géant ra len ti se condense

                tout à coup là

D'abord l'épaule

alors bondir

Jacob roule dessus

Sternum genou os herbe
lutte
cogne étroit
Il sentait l'aile
à l'omoplate
Le bossu tiède
souffle inégal

d'un naseau oppressé
vapeur
contre le cou

Il essaye de mordre

Sa sueur embaume

Un paquet de chair
au ring d'ombre

nuit chaude

Le jeune monstre fabuleux éclabousse
un bain fini de cygne énorme

Jacob trouve
un avantage
de pesanteur
Pèse
halète
élastique
écrase
spasme de cygne
couché dessus
pèse

spasme de cygne

dessus   Léda mâle féroce

Le grand nègre étoilé américain du match
titube
ivre de gifles roses

Encore un peu de courage

Sont-ce des mains   cela glisse

Les coqs répandent l'aube

Enfin
voir ce gibier
face à face
Halète   coqs
pèse   coqs
herbe   coqs
ring d'ombre   coqs

Jacob lutta contre l'ange

54

toute la nuit

Au matin

il était seul

Talus   Enclumes   Angélus

        Les   coqs
l'aube mouille

Ce vainqueur ankylosé s'endort
ou se réveille

sans même
un piétinement de plumages
sans même
quelque chose d'Armide

J'avais bien cru tenir l'ange

Une nuit
j'espérai
dans un opéra du sommeil

        Il longeait
        le mur d'une ferme d'enfance
rue La Bruyère
au crépuscule

Il   approchait

Un visage familier un peu autre
et fou
    s'éloigne
au fond des pavots d'ombre

                mon épaule
        déviant
le rêve
une chute infinie
creuse un précipice de linge   on sursaute

Et s'il entre le comprendrai-je

Un paysan de Bethléem
vers du secours détale à toutes jambes
car l'ange neuf messager
s'élance du grenier à foin
comme un début d'incendie

Rien ne lasse
mon entreprise

Organe atrophié antédiluvien

je cultive sa trace
morte

Cogne les métaux des planètes
je vibre en réponse aux planètes
incroyable de solitude
et de musique
fraternité

Au fil du bol

     éol
     ien   oé   ié

     mon doigt mouillé

           éveille
           un astre

éo   ié   iu   ié

```
é        é      ié       io      ié
ui       ui     io       ié
aéoé            iaoé
a u  i a      ou        a o é
io io          io iu
aéiouiu
iuiaé          ui ui      io ué
o é o
a é  o é
oé  aé  iéoa
ieiaoaoa    ieua    ieua
oa    oa    ieua
ié    ié    é    é
```

                        é   coute

la musique des étoiles

J'ai mal d'être homme   comprenez-vous

Si vous saviez d'où je déplonge

Tout riait de travers

J'ai grandi comme un cataclysme

Tout

riait

de

travers

J'ai traversé

j'ai traversé la forêt vierge des guirlandes

Le ciel a ses hamacs
Venise ses gondoles
La nuit avec le jour échange des paroles

Halte là   J'accuse l'ennui

Je trouverai le mot du coffre

Je ne me suicide pas
je ne me courbe pas Sicambre
je ne creuse pas mon tombeau

Je m'acharne
où tous
se résignent

Ils se bâtissent des maisons
préambules de sépulture

Or
ceux-là qui eurent choisi
étaient pauvres
de tout le reste

Opte   pour
        et lourd au sol
                    et solitaire
            et bêche la terre
une place de géolâtre

ou meurs de toi

sinon
l'issue
est là ou je la cherche

Un atavisme d'éternité
mon plus beau voyage d'enfance

Il faudrait   se retourner   vite

N'importe comment
n'importe où
surprendre l'ange et le domaine

                    Suis-je le mort
                    dans ce fauteuil

La lente petite escorte   un geste adieu final
s'abîme écran vide
une trépidation blanche
ou Scott et ses amis
retournent mourir
jadis
chaque soir
dans un linceul Véronique esquimau cinématographe

Ils arrivèrent à nos yeux
comme une étoile
déjà morte

Et non cet héroïsme vain
de touristes

mais un rapt

Le film surnaturel ouvre un espoir
de découvertes
dignes de nous

Et   plus de cartes
plus de boussole
plus de confitures
au suif plus
d'aérostat d'or
charmeur des phoques

Ailleurs   Fluides   Ouvertures

Ce n'est pas dans le sable humain
qu'un ange laisse
des empreintes

Où s'assoit pour mourir
ayant tout
Alexandre

un matin Colomb
        lève l'ancre

Hardi hardi jeune équipage
nous découvrirons l'Amérique

Un obus de rire glacial éclate
au pont verni
disperse les agneaux bousculés
de la vague

Un désir inconnu pavoise les frégates

La mer berce un ciel nouveau-né

Le pilote au grand cœur
respire
malgré tous
une certitude indigène

Ma note ma frégate
mon cri
où la région de cire du silence
étouffe un cri
où
le soprano mue

moi   je chante

                                 Malibran
                       meurt
                            dans la gorge
                   du fils
                       de ce boulanger

La science lente et qui compte ses jambes
galope elle a perdu
la trace
du poète

Entre A et B
grouillent les signes

Infra do
ultra si
        où
l'aigle pèle aveugle où
le sang du morse
fige un arbuste en cristal noir je vole
                           et nage

Écoutez-moi derrière le silence
écoutez-moi par-dessus le silence

Mon os heurte
l'extérieur de l'alpha
et l'extérieur de l'oméga

66

Je glisse
le long des intervalles
incalculables
huilés
aux pentes sonores
tinte
pré   outre   inter
                valles

Je guette   à l'affût

      chasseur d'anges

                        A ce seuil
                même le plus vainqueur

s'interrompt
pauvre de conquêtes

Je taquine l'éternité.

Géorgiques funèbres

*Retour
aux hommes.*

Mon nom je le signe en tête
il sonne simple sans pédale
Pléiade   Lapin   Cri du marchand de serpolet
Remy Belleau
Seine-et-Oise
bien cocarde et tricolore

Le fumier riche encense août
Au bord du toit
du jardinier
roucoulait
une glycine
Briques rouges   La basse-cour
fait bouillir les fientes blanches
et les reines-Claude béates
Y
le coq bien ancré
dégoise
son œuf d'or

Un jour peut-être ayant recul
on chantera la grande guerre
Moi Jean
J'ai mangé le livre
sur une borne
Reims   Jeanne   Patmos
Moi Jean j'ai vu Reims détruite
et de loin elle fumait
comme une torche

Haut haut les séraphins crachent la mélinite
Ciel de Septembre
Les avions règlent le tir

La cathédrale
un golgotha de guipure
îlot fumeux je regarde
son visage vitriolé

Un prêtre passe au grand galop

Ma hanche qui me fait bien mal
depuis que j'ai reçu cette poutre
                    Attention   couche-toi

Le paraphe soyeux des obus
Ce cheval boite dans ses tripes
"ils visent le gazomètre monsieur le major"

Un jour on racontera Ugolin
la matrone la cannibale
lèche mange mâche digère
la jeune viande

on racontera ses bouches pleines on racontera Cosmos

il bâille
après le sommeil séculaire
et bouge
et contraint l'homme à le blesser
d'entailles chaudes

à le paître
et à le repaître

on choisissait les plus robustes
les plus tendres
ayant quelques motifs humains
médailles   pactes   revanches
pour se croire libres malgré
l'ordre despote

on racontera l'épidémie

le feu qui ronfle
d'est en ouest

et Minerve la vierge maigre
qui n'aime que les patries

on chantera les géorgiques funèbres

Et l'époque des semailles
étant venue
le général des géorgiques
le patriarche au ventre bleu
une motte fraîche
et une carte
dans sa main
assis
étoilé d'or
il dirige le jeu

il contemple la campagnarde
à bonnet rouge
la grande fille masculine
semant le grain

on racontera le grain anonyme
le contact neuf
la nichée d'yeux et de barbes
à fleur de terre
ce Septembre aratoire
humus radicelles glaise
la bordure de visages des deux pays

                    on   entendait

des voix   chanter   *ô Tannenbaùm*
on entendait
     net
     comme sur l'autre berge d'un fleuve
on entendait les voix les voix
de l'armée allemande

     ô Tannenbaùm
     ô Tannenbaùm
     wie grün sind deine Blätter

et chez nous des rires d'école
de bons rires patois
chez nous

Amalgame   gâteau de noces
alchimie profonde
Le laboureur lui-même a creusé l'hectare
d'un fer allègre
il a semé dedans son corps

tu mangeras son corps
et tu boiras son corps

et déjà

observe

sous des crépuscules monotones de gangrène

un Gulf-Stream de phénol douceâtre

contre ce gros cheval raide
riant aux anges

lève l'épi

Le jeune homme
végétalement réapparu se hisse
au soleil du matin

Houle du globe   les labours
la récolte métempsycose
les mineurs après le grisou

dans le coude un sommeil d'enfance sous la lampe

le marécage d'uniformes

matricule   miel noir des mouches

Cote 137

On racontera le jour terrible
où le minotaure n'ayant plus faim
ils le gavèrent
on racontera les gares d'évacuation
ceux qu'on rapporte nuit tiède
un désordre d'amour terrible
d'orgie

                    où ?   brancards
                              lanterne sourde

crèche
ce groupe féminin   l'éponge
et le seau dans l'ombre
                    BAGAGES GUICHET 3
                        L'œil fixe
                        ininterrompu
                        s'hébète intérieurement
                        à leur chacune tragédie

On chantera
l'heure de l'intelligence interdite
l'heure du cœur et non du cerveau
où il fallait aimer trop le pays
être trop patriote

et les œillères de cuir
contre mille nuances
comme une bigote

toute étroite en deuil
aime Dieu
avec sa barbe blanche sa colombe à droite
son fils à gauche
sur un trône d'or
et des lys et des musiques de harpes

on chantera la grande victoire de la Marne
la Meuse   l'Yser
la grande misère fameuse
qui n'était pas un miracle
qui n'était pas un hasard
mais bien possible
    bien logique
    bien en règle
avec l'histoire de France
Perrault
et la Bible

                                        Donc

            une farce énorme
        culbute la victoire
et la retrousse
le long d'un Septembre immortel

Une trombe de chair fraîche
une avalanche de rire agricole
et les villages refleurissent
comme un 14 Juillet

                une avalanche

une avalanche de moutons chassant les aigles

les chiens roux
talonnés
par enfin la meute émouvante des biches

Une victoire
sur le meilleur de l'Allemagne
et sur le moins bon de la France
la grande victoire anarchiste
ses ailes jeunes
contre le vent

la grande émeute
la grande débâcle en avant
une cataracte bleue et garance purge
les campagnes grises
efface
sur la rose
compacte
une bave de limace

Une victoire sur la guerre

et sur les pactes
et sur les stratèges de naguère
et sur les chefs fatigués
et sur les prévaricateurs puissants
et sur la Chambre de sueur et d'ail
et sur les autocrates républicains
                             ils regardent   stupeur

par un soupirail
ayant barricadé de peur
la porte
l'anarchisme gai qui les protège
et les sauve des aigles noirs
et des cloportes
On chantera la grande épopée sans culotte
le blé qui tue
et tout le monde est pareil
tous les hommes sont égaux
ayant des bouches des nez des oreilles
et un flingot

et tout le monde a sommeil
et tout le monde
couche
par terre
celui qui avait l'habitude de coucher
dehors
comme
le propriétaire

Un monôme de collège

une foule
mutinée
tout à coup
contre le sort injuste

et ces petits tas de chaux anonymes
plus commémoratifs
que des bustes de marbre

et l'opinion muette
des arbres des arbustes
témoins du crime

On ne se
retournait pas
comme la femme de Loth
vers
la mollesse indigne
pour être changé en statue

on marchait
de vigne en vigne
de maison en maison
de labour en labour

bien à l'aise dans l'indiscipline
bien d'aplomb dans l'indépendance

bien délurés
dans les uniformes bizarres

Ah!
il y en avait des Alexandre
des Jason des César des Bonaparte
Il y en avait à la pelle
menant la danse
et on ne sait même pas comment ils s'appellent

et la messe dans les bourgs
avec
à l'élévation
les trompettes les tambours

Des croix de bronze
si on a la chance de se maintenir debout
et si on tombe
à un endroit d'atlas
ma foi tant pis
un peu de cendre
un peu de boue   et une
                          croix de hêtre
                          en plein ventre

                          avec
à la place d'inscription en hébreu

INRI   ces   rois   la Passion

un képi bleu

Terre de la pomme de terre
du trèfle
du coquelicot des betteraves
des tombes

Jéovah l'avide
Jéovah qui mange
des colombes des nuages des demeures
et tout ce qu'il y a dedans
Jéovah l'anthropophage
vous mâche
avec ses grosses dents
pour que Goliath meure et que
Saül meure
et que
David

harassé de lutte profonde
rentre sans fronde et retrouve
son luth.

Chant du Paveur

*Retour
à la terre.*

Jacob monte au soleil des persiennes
entre un orphéon d'anges
et un bruit de pas
dans la cour

Des ouvriers clouant clouant profonds marteaux
cet angélus
métallurgique
bâtissent dans la cour étroite
au plain-chant des romances
un catafalque

Un pigeon gonflé d'or bascule angle du toit

L'embrun des marronniers
saute et tonne
aux digues du trottoir
La chaleur apprivoisée ouvre sa bonne gueule
                    et hors l'arche
                    de nuit fraîche

le Chocolat Menier glisse
vers Charenton
Bitume neuf entre les palais inégaux
un grand canal de nuit soleil

La profonde réglisse
reflète la ténèbre bleue
Nègre nègre si pâle à Colombo tu mires
les larges feuilles de tabac qu'on récolte

Un radiotélégramme a parcouru la mer
les caniches glacés aux talus de la mer
et ce vent noir du large apporte
un tam-tam
                              L'

                    ananas carapace
                    en soleil aci
                              dulé
                              avec
                    un chignon sauvage
                       de verdure

Les sauvages voilà les sauvages

Autour du cou charmant Eiffel
la belle girafe en dentelle
rendez-vous de pigeons voyageurs inconnus
et laisse en bas l'azur éloquent choir
au bord de l'eau

quatre pattes éléphantines

L'eau coule sous les ponts jamais désaltérés

Parc
d'aérostats verts
jeunes arbres gonflés d'oxygène
        le printemps rit
          cachant ses explosifs

                  Je pars
    ô Tour Eiffel   arlequin
        cage des oiseaux bleus

Affiches

Les nuages   les péniches

l'ananas au chignon de tôle

Trocadéro

Le paon vert d'arrosage asperge les baleines
toute la basse-cour se sauve
KUB   BYRRH   BYRRH
                    PETIT JOURNAL

Guignol déchaîne un rire d'arbre

                    Onze heures

Un jeune ouvrier aux bras nus
pave   il enfonce
la grosse mosaïque
il rabote le cube et
l'enfonce
entre les cubes sagement joints
du parquet fauve

                    PIANOS A. BORD

Grave peine de bras frivoles
jeunes bras anonymes
tant d'étreintes
se perdent là

Bras nobles
        sobres
        léonins
massifs
formels
nubiles
chastes   le coude amer du pain

calibrés
camouflés
paquetés
résignés

lisses
bénêts
géorgiques
        dans la cruche étrusque
        un vieux sang fraîchit
                nuptial

épais
mûris
silencieux
fluctueux
animaux
pomoniens
grégoriens
gymnastes

souples   pleins marins salins
plongeurs
copuleux
fluviaux
agricoles

le pigeon du biceps repu de maïs   se
                                        rengorge

honnêtes
graves
pétris
mélodieux
aveugles
lourds
amassés
corbeillés
infatués
denses
frugaux
camarades

          pain chaud magnolia pilastres
          façon de nouer les agrès
          abricot caoutchouc poteries
          motte fraîche au labour du soir
          trombone
          voix de l'alto et du trombone

          bras graves léopards phoques
          cortèges retenus
          racines du soleil matin

Soudain
biplan l'orgue
          inégal
          des cheminées
enfle un début continuel de fugue
en pleins et déliés farouches

Peu à peu
(on voit ses cibles tricolores)
ravage un ciel d'immeubles du dimanche
fore un tunnel chaud
artichaut forcené
l'astre de bois chouaille
et rouabe
et chanfourne une piste ouverte
à ses jeux de vache ou d'archange
va-t-il me manger dans la main

plonge à droite et remonte
                    à gauche

                                        un autre
                              écoute le rouir

entre au jeu
vélodrome épanoui DUNLOP
là
regarde vite
mu   gis   sant
non   là
un troisième archange
d'aluminium
fane la chaleur inculte
carde un nuage
emporte à son ornithodrome
un fracas d'abdomen amer

90

La grosse usine Geneviève
         haute   haute

ce fa
murmure

les jeux les orgues vigilantes
la profonde voix d'Orion

et haut

         si   haut   4 000

                           plus rien

l'oreille livre à l'œil tout seul
une neige d'Himalaya
deux éperviers
éthérivores

Le jeune paveur gri
                    mace au soleil

         il se recourbe sur son travail
         ayant levé un peu la tête.

L'Orgue

Où le poète écoutant les avions pense à une machine et à un pilote spirituels.

Dans le grenier frais de l'église
déjà
loin du soleil travesti torrentiel multicolore
des rosaces
je t'avais devinée   machine

Un jour
messe des Rameaux
ce tisserand fou
ce pilote
préparait dans une pénombre
le départ avec son équipage
bouquet de profils
l'un d'eux
   pousse les tiges d'émail

un autre
vérifiant l'appareil
palpe les freins un autre
allume le contact d'usine
au bord du gouffre catholique

Élévation
petite grappe

l'écho ogival tousse et grince

Lâchez tout

La pyramide solennelle de silence
s'écroule sur
Samson
assis dans l'élément qu'il accouche du vide
afin de soutenir son vol
tangue
et roule entraînant le château de poupe

                    Avec triomphe
                    enfin l'arrachera-t-il
                    de la terre

David comme un ours
danse
autour de l'arche
et saint George raide se cabre
et Siegfried s'arc-boute
et Persée
albatros hennissant
au seuil des cavernes
en proie aux grandes orgues carnivores
Souffle du monstre à pleine gueule

Orgues   Ogres gardiens
du coffre des fugues pliées

Le héros aux doigts touffus
s'acharne

pour désengluer la mélodie

Ces lions debout
ces archanges apprivoisés
cela gronde et cela gazouille

Le dompteur sans cravache
hypnotise de tout son corps
la volière et la ménagerie

Dieu glisse et gentiment s'exprime
à travers les oiseaux

Ici
des profondeurs
l'ouragan polyphonique
par la forêt d'étain s'étire
en groupes nus

Sur la dunette
le capitaine responsable
crie
des ordres brefs

dans cet ouragan
il s'accroche   éperdu
aux cordes
jusqu'enfin
l'orgue démâté

roule
dans son propre cyclone

Soudain la note Mélisande
trouant la voûte
et le silence
entre chez Dieu
pur jet d'eau

Une écluse fraîche nivèle
orgie et béatitude

Avril dessèche le déluge

Un mielleux buisson
s'épanouit
en églantines rugissantes

Les Hangars

*Les hangars de Billancourt
où se construisent les
aéroplanes.*

Far West   Texas   la Prairie
ranchos
districts   cités de planches
une jeunesse de fantômes
sous le ciel de Billancourt

ALDA   ALDA   la véranda
Les dirigeables paissent le gaz
dans les parcs aérostatiques
Garçons jupés de chèvre   ils dansent
Les feutres les gants crispins

Le mouchoir autour du cou
doit être rouge

Valse de croupes   Demi-tour
  feu!   feu!   feu!

On pendait le voleur de chevaux à un eucalyptus
de la Cordillère des Andes

allo! allo! Post office?

Le laid Antinoüs à son comptoir de zinc
débite le gin   atout   bas les vestes
La rixe entre les chercheurs d'or

MON CHER DURKE

LE CHEF DES INDIENS REFUSE DE CÉDER SON PATRI-
MOINE A N'IMPORTE QUEL PRIX. JE DONNE L'ORDRE DE
POURSUIVRE LES TRAVAUX. ON NE PEUT INTERROMPRE

UNE LIGNE DE CHEMIN DE FER POUR UNE OPPOSITION
STUPIDE. JE VIENDRAI DIMANCHE A LA FERME.
    VOTRE ONCLE

WILSON

Programme périmé
La machine Underwood très douce
Détective
hop en selle
et forte au revolver
la téléphoniste de Los Angelès
ressuscite
un vieux galop

Les Indiens sur leurs petits poneys

Locomotive 1 2 0 3

Maud épouse le cow boy

la géante rougit d'un beau sang noir
une palissade ingénue de cils charbonne
au plâtre superbe des joues
couple de plus en plus fantôme
jusqu'à cet écusson de foudres

AMERICAN VITAGRAPH

Les hussardes les lucioles
dans la nuit
de notre loge en pleine mer

Un corbillard allègre à Budapest
La soliste chante
au Grand Canal des pupitres
ignorant le tourisme d'Alpe
où se dépêche un attelage   en réalité
                                fainéant

Bonjour d'aviateur posthume

Coupes de bois en Norvège

et de nouveau l'idylle américaine
cataleptique
en plein soleil clair de lune

Le cheval au profil de craie

            Là-haut tricote à sa lucarne
            la vieille électricité

Billancourt   ciel de Billancourt

Dans le premier hangar
les os   les pennes   les tubulures
rouages
des chérubins
la forge chaude

           une apparence de mains d'hommes

le moteur gèle
sa ruche blanche

Dans le second hangar
on agglutine
la toile mauve
jeux   scie   varlope   ripolin
yoles   pirogues
les numéros au pochoir
          vous n'avez qu'à suivre à droite

Dans le troisième hangar
on ajuste les pièces
pour le carnaval debout sur les chars
où cahotent repliés
les papillons de la féerie

FIAT   banlieue aux membres grêles

frrrrrrr   allez oiseaux

et il y eut un soir
et il y eut un matin
et ce fut le cinquième jour du monde

Le dernier hangar

s'ouvre   à pic

au bord des eaux légères

Roland Garros

*Qui s'arrachait un peu
de la terre.*

Le jeune homme déjà de marbre
face à la mer

Christophe Colomb marin à quatorze ans

Fréjus dix minutes d'arrêt   olives
azur d'affiche

Il naquit sur Vidal Lablache

Pastèque froide en neige rose

Le nègre aimait tellement la famille
il récitait un compliment le soir de Noël

On pêche des poissons à la crête des vagues
ils y dorment les gros poissons

La chasse aux colibris avec un bambou
frotté de glu
          Jules Verne
L'arbre septicolor gazouille
nous en rapportâmes des grappes

Bagages   Cabine de luxe

Femmes créoles
roulant les cigares sur leur cuisse moite

Le premier jour les marins achetèrent
des cacatoès des singes aux fesses bleues
des pamplemousses

A dîner on parle du pôle

          Ma Paloma

Le camarade pirate
                    cor de Roland
                    cor de Tristan

chasse
les Walkyries

Le jet alternatif des balles déjoue
l'astre d'air et de bois
asperge   un fantôme derviche

        Mon cher Jean

   J'ai tué un Taube. Quel cauchemar! Je n'oublierai
jamais leur chute. Ils ont pris feu à mille mètres. J'ai vu
leurs corps saignants, terribles. Une balle m'a traversé
le longeron d'une aile...

Le héros
véritable
ayant nui
s'apitoie

Qu'il fera bon   se promenant
            après l'orage

Notre projet (tu te souviens)

survoler bas
les jungles profondes

Un murmure métropole

Les cacatoès entonnent
le charivari des couleurs

Le musc des boas pâmés   monte

Toute la Virginie s'éveille

L'Invitation
à la Mort

*Premier vol avec Garros ;
appel de la terre.*

Un combat de pigeons glacés en pleine figure
offerte à vos gifles drapeaux

Le   gel   qui   gante

        Aquarium océanique
Aspergé d'huile je suffoque
au bain marin
qui s'engouffre dans les narines
froide opulence
d'eau de mer

Péril de chute

            La brèche
            de nausée

        à gauche

tente l'épaule

hâlé
humé
mon corps interne se pelotonne
autour du cœur

Pente infinie

Vallonnements   Houle   on recule

Un roi des aulnes
entre ses paumes
il masse il   caresse   mon   cœur
Les sirènes silencieuses
dans la poitrine du pilote
enflent leur chanson aiguë

      Le vol croissant signalé
      par les seuls viscères
      l'appareil se hissait
      à rien
      par flaques   de hauteur

Comme poissons
muette cohue
autour d'une mie de pain fourmillent
luttant du mufle

comme
autour d'une table tournante
les morts stupides se bousculent
les nuages charmés
par l'hélice

      vers nous
      leur troupeau déambulait
         houleusement

La course inverse d'un oiseau
te fait constater ta vitesse

Alors

dans ce cyclone
si tu veux toucher l'épaule du pilote

une rafale

et ton geste mort s'attarde
                scaphandrier qui pioche
            au fond de l'eau

                        Petites routes
                            petites forêts
                            petite ferme
                    petit quoi ? lac
                    est-ce un lac cela
                        miroite
                            c'est un
                            lac

La roue
une patte inerte pliée
tourne
caoutchouc bleu
énorme doucement
seule en relief sur les plaines

La libellule au mufle d'ébonite
chassant des copeaux de ciel
saccage la piste cube

Monte
où plus rien du sol ne gagne

le soleil y miroite à la surface des ténèbres
comme à la surface de la mer
et les poumons s'emplissent
du froid propre
d'éternité

Chute

une ébauche d'agonie

aussitôt
la chute inverse
fauche mollement
l'estomac

Péninsule
de hauteur

Prisonnier sur parole de la terre
à quatre mille de hauteur
à l'infini de profondeur

Un cerf-volant de ton enfance
soudain sans fil tu t'émancipes
assis dessus

De ta main d'ours Garros
alors
tu me signales quelque chose

et je me suis penché au bord du gouffre
et j'ai vu Paris sur la terre

et plus humble ma ville
à sa mesure
déserte d'hommes
faible   seule   sa   Seine en jade
et plus je la regardais décroître
et plus je sentais croître mon triste amour

Car celui-là qui s'éloigne de ce qu'il aime
pour détruire son triste amour
la figure de ce qu'il aime
s'isole se dépouille
cache le reste

et davantage le tourmente

et celui-là qui monte
s'il se penche
et voit les pauvres lieux du monde
baisse la tête
et souhaite revenir à sa prison

Un univers nouveau
                    chavire

roule des spasmes de nuit verte
étouffe le noyé buveur
ivre de mort limpide

J'embarque à fond de cale
un paquet de ciel froid

Une pâle géographie

L'alcool des atmosphères
où la maison
devient énorme
avec aisance

et rapetisse vite

Herbier de paysages vides

Faudra-t-il
redescendre
où subsiste un fléau fabuleux de Genèse

Les Sodome les Gomorrhe
du fond visibles aux nageurs
de la mer morte
à dessous

Le fleuve même   pétrifié
coupe net en deux la lune

Lorsque nous atterrîmes
je crus que nous volions encore à deux mille mètres
ô surprise

car pour une forêt profonde je prenais

les bruyères de la prairie

Parabole de
l'Enfant prodigue

*Vol célèbre de Garros
et son retour sur la terre.*

Sport

Aube

un réveil blême d'Amphitrite

Exécutions capitales

Les petites vagues frileuses
l'une après l'autre
se baignent au bord de la mer
jouant aux osselets

Flux et reflux
Systole   diastole

La suture d'écume froide
la salive entre les galets

Ces œufs ces petits pains ces cœurs
pétrifiés vivants par l'eau

Le vent essaye ses poulies
un oiseau   hurle   et s'évade

Pins parasols

Ce voilier sans misaine sans hune
sans perruche
sans foc sans clinfoc
sans fougue
le petit voilier aux ailes raides
sur la dune
comme un phoque

Le groupe des officiers de marine
et la jeune femme au manteau de skungs
    L'angoisse s'enfonce
    dans les poitrines

Algues

La yole neuve au bord du rail
en costume de baptême
sa coque prête pour d'autres vagues

Fourrure étoupe esquimau

Le pilote
rabat du cuir sur ses oreilles
se gante
   calme
   sûr
L'appareil Morane aux pièces neuves
Il vérifie
en proue l'hélice rouge
qui peut se fendre

en poupe la queue la rame les roues
les vis   le réservoir
sans un mot
prévoir le moindre accident

Cigarette

L'escadre du matin
                manœuvre   à l'occident

Il va falloir que je parte

Une ceinture autour des reins
la bosse d'opossum
la carte et la route à l'encre sur
les îles jaunes
boussole

Les deux jeunes marins bien émus
qui traversèrent pourtant des bourrasques
où on ne pouvait pas jeter l'ancre
      Sourire
       à ces captifs du sol
et les adieux à la petite
avant le masque   un mutisme
              d'aquarium
de cinématographe   d'hypnose
de chloroforme

Sixième sens

le fils prodigue
sentait son envergure
jusqu'au bout de ses ailes
comme un aveugle
jusqu'au bout de ses bras écartés

La plage

      la digue

            l'anse

                  Au revoir
              Lance l'hélice

Déjà loin cahote détonne
et beugle en demi-cercle
arrachant des mottes
une bataille avec la terre
pour anéantir un rail d'obéissance
planétaire

Enfin
vu des seuls témoins officiels
et d'une vache
qui se jette à l'eau
comme si elle avait un frelon dans l'oreille

le jeune homme
arrache l'oiseau artificiel
de la dune

et le soleil   après lui

          Sud
          il s'éloigne
                    Chaleur immense

                    La journée

Un forçat libre de bagne

          La presqu'île de l'Estérel

Le mugissement peu à peu indistinct restitue
déjà
un marmoréen silence de statue
attestant l'exploit qui débute

Comment vous étonnerait-il
vieille Méditerranée
miroir fondamental du mythe

Le vertige ses encensoirs
réverbération

                alouette

    la mer
    miroite

luge   ascenseurs

    balançoire   montagnes russes

l'Estérel rose
            à droite
Ovation de toute chose à la lumière
Encaustique éblouie de l'aile
un plan de plus en plus net
des fêtes après le déluge
Haschisch du vide
Périssoire enchantée
banc si mince
courroie du siège

                Les aventures du grand Vizir
                et d'un magicien mandchou
                Le prince
                consulte sa boussole
                et divers accessoires magiques
                sous son turban
                de cuir
                de fourrure
                de verre
                de liège
                d'aluminium
                de caoutchouc

Toit constellé du palais des pieuvres
des éponges

                              Un déclic

l'hélice une pale puis
                l'autre puis
                        les pales

                on voit les
            pales

            où flambe
            une loterie d'azur

le moteur   se   tait

l'aéroplane
plonge à pic

dans le vide

Sans aide   un plongeon antique
à quatre mille de la terre

Le goéland ichtyophage
se laisse choir
de tout son bec
sur sa proie
profonde

Ce bitume de fin de monde
et des pastorales d'écume

Ganymède vainqueur
de l'aigle Jupiter
retourne à ses moutons qui bêlent

L'ombre des ailes   couvre la mer

Mais l'hélice
à choir
tourne
et ranime le moteur
vigilante au destin sublime

Il ne s'en fallait pas de beaucoup

épave d'aéroplane surnageant

sépulcre d'eau

Le pilote sent à son cou une médaille
d'argent
cadeau de la plus brave
des bien-aimées

Libre
                un
            air vif d'Iliade

Minerve en cuirasse de cuir
sur les flottes
sur les émeutes

de nouveau le pilote s'évade

La chiourme de pesanteur
sur les traces du captif en train de fuir
lâche ses soldats et ses meutes

                    Plus haut

                    plus haut

Un rouage secret brisé   le moteur
va-t-il s'interrompre

Les pentes du vide
ses fleuves chauds
ses golfes   où   on   vire
ses remous de lave
ses Gulf-Stream
ses lacs Tchad

ses Zuyderzée

La bonne route dont il s'écarte
Où sont ces îles
on devrait les voir en avant

Or plus rien ici n'oriente
ne donne
la route vers le sol
ni la carte
ni la boussole   insecte bleu
                    fébrile
                    au cœur de la rose des vents

Il vise cabré
les cataractes du soleil
qui
suivant le même chemin plus vite
renseigne sur l'heure

Un cyclone de sirocco

Le cuivre flambe
le cuir bout
Insolation marine
Il plane aveuglé   Serre chaude
Ses narines saignent
L'ankylose des jambes
dans les fourrures et les tricots

Crampe des mains

Le verni des ailes grésille

A bout de force va-t-il de suite
prendre feu en pleine course
comme une chauve-souris enduite de pétrole
une phalène au gaz des lampes

Et messire Roland
            l'autre
à l'olifant se rompt l'artère
au fond des gorges Roncevaux

et le nouveau

fils de la terre
toujours aimante et toujours grosse
forge
avec le feu du ciel
sans enclume
ainsi Durandal et Joyeuse

plumes   cire

une revanche merveilleuse
à Dédale et à l'enfant
enduit du miel des ruches de Minos

GOLFE DE LA NAPOULE

LES ILES SANGUINAIRES

C
O
R
S
E
Marseille   Messine   5   jours

le Pullman déraille

Les tatouages sur le torse du chef ennemi

Un nègre pile du kouss-kouss

Marseille   Malte   37   heures

Le singe assassine le mousse
de la felouque « L'Amour »

Dans une jatte d'écorce lisse
des goyaves des mangues
des boucles d'oreille un peigne une
épingle
de corail

Tunis   Livourne   2   jours   1/2

134

LA SARDAIGNE

nous n'irons jamais à Saint-Domingue

Les hallucinations dangereuses
continuent

C'est dimanche
Voici un lourd peloton d'anges
aux genoux nus

ils s'envolent
dans tous les sens

et ce fuyard livide poursuivi emporte
vers le but
comme un trésor de Pompéi
le ballon ovoïde

Alors arriverait le monstre Gabriel

il descend
juste

en plein buisson de gestes

sueur
mèches
herbe
sang
boue

les grimaces extasiées
de trente brutes néophytes

clameur effrayante des tribunes

Avec sa flamboyante hélice
il fauche les têtes superbes

Rumeur grillons au crépuscule
coquillages
l'eau qui bout
des angélus paludéens dans les oreilles

Ainsi délire à Madagascar
le colon dans sa case
il rêve
qu'il vole avec son lit
moiré de sueurs froides
dans un sabbat de quinine et de moustiques

Le pilote se cramponne
à la réalité de son exploit
car la terre essaye la ruse
dépêche en lui
tous les stupéfiants du songe

Choir la tête

L'homme au sable

Est-ce après dîner à la campagne

Comme les fils du télégraphe
aux orchestres de l'express
les lignes du journal
            les arpèges
                    typographiques
lâchent la page
vers l'incongru
d'un dérapage immense
une seconde
au sommeil noir

Dents compactes

Soubresaut mou

Déplonge

et hagard se retrouve là
en pleine fournaise enfer bleu

Du fretin de soleil miroite

Il redresse en hâte une position Grande Ourse
et voit
s'épandre
à reculons

la   Méditerranée
s'évanouir l'obstacle vertical du monde
acharné au choc funèbre
de l'oiseau distrait
dans sa course

Ici
plus de haut   de
bas de
droite
de
gauche

Un lieu pareil dans tous les sens

La solitude étroite

Oxygène fou du silence

Un sommeil profond s'empare des pilotes
aux banquises où Dieu s'ébauche

23 Septembre 1913

l'aérodrome de Tunis

Une foule grave arabe et française prévenue
par les radiotélégrammes grouille Islam chaleur
négrillons dans les arbres le marchand
de beignets au miel le service d'ordre sévère
les reporters les photographes
six mille spectateurs
le visage tourné vers l'occident attendent
prêts à l'enthousiasme
autour d'une lice déserte
l'annonciation splendide

le jeune-homme-qui-a-traversé-la-mer

Trois torpilleurs
écrasés dans leur bave

MIDI

Le soleil tombe d'aplomb

L'oiseau
rejoignant son ombre
se posa doucement sur elle
à Bizerte

Un cultivateur accourut

Et l'ange de plomb dit

comme un repris de bagne
un nègre culbuté d'une balle de revolver
à la Guadeloupe
un général
contraint de se rendre
un vieux tramp sur la route
entre deux gendarmes

un assiégé qui n'a plus de vivres

un aristocrate sous la Terreur
reconnu au relais de poste

un soldat espion
découvert
tout à coup
dans les lignes ennemies
après des doutes

il dit à l'homme
       de la terre :

          allons

il dit : j'ai soif

La gourde pleine
La gourde lourde

Il dit : je suis prêt à vous suivre

Il dit les paroles nobles d'un roi
quand le peuple
procède à son arrestation
avec un air de menace timide

      Tête lourde sourde
           lourde

Le fils prodigue
entre sa mère contente
et son épouse

142

les bras lourds
les jambes lourdes

L'autre fils resté jalouse
le veau gras
sur le feu qui flambe

La lourde gêne des retours

Ses mains lourdes
            gourdes
            lourdes

La chose natale
ferme
nue
ronde
enfin rejointe
baise les pieds sans poussière et sans écume
du cher voyageur revenu
et garde ses empreintes lourdes

Les ailes lourdes courbes lourdes
de la petite arche lourde

Je vous salue   pleine de grâce

les palmiers

les vignobles

les bougainville

les eucalyptus
les plantes grasses

O sainte mère

L'ange de plomb
la vierge enceinte

144

Et démasquant
loin du public de Tunis
son visage humain calciné
aux foudres du soleil
au supplice des loupes
de la mer

il dit : je suis prêt à vous suivre

et il pleura dans ses mains lourdes

Alors
ils suivirent le chemin
qui mène aux villes.

Discours
du grand sommeil

(1916-1918)

*A la mémoire
de Jean Le Roy*

Traduit de quoi? De cette langue morte, de ce pays mort où mes amis sont morts.

PROLOGUE

1

Je resterai seul
debout dans la mine
avec ma carte
ma pioche
et ma bêtise.

2

Plus de scandales
qui moutonnent; plus le rire
de ceux qui posent une vitre
sur l'usine en or des abeilles.

3

J'ai souffert de la grosse multitude étanche.
La muraille de Chine
monte
entre le tribunal de chaque jour et moi
sans force pour répondre.

4

L'innocent, accusé d'espionnage,
se trouble. Toute son attitude l'accuse,
et il tombe évanoui
entre les gardes municipaux.

5

Comment déjouer la farce atroce
où des amis, déguisés en fantômes,
sur lesquels
je tire les douze coups du revolver
vidé d'abord par eux,
me renvoient
mollement
les balles ?

6

Quitte la fronde,
cœur trop riche, et tape
en pleine cible au milieu :
Alors un orchestre joue.

7

Et rien
ni les malentendus de vocabulaire ou de race

ni la preuve par neuf cent fois refaite
et toujours fausse
ne troublent plus notre vieil amour, poésie.

8

Me voici seul avec ton jeu d'échecs
poésie, ô mon amour,
meilleur que l'amour si triste
quand il n'y a plus
rien d'autre à faire que l'amour,
quand il n'y a plus rien d'autre à faire
que de ne plus faire l'amour.

9

Et dans une maison raisonnable
je dérange tout le monde,
car l'ascenseur
m'apporte
comme un personnage de féerie.

10

Je suis voué à la solitude.
Je louche de partout.

Je flotte dans le songe :
le monde au siècle instantané
du sommeil
d'où j'émerge,
comme un crocodile
au milieu du trafic des pirogues.

11

L'œil mi-clos et une dent
mise au bord du sourire
il hiverne,
endormi pour cent jours
par un enchantement étrange.

12

Et voici disparue
toute ma méthode sévère,
car il y a des chants qui défoncent l'écorce,
un souffle si dur qu'il imprime
sa forme aux trompettes.

13

J'ai vécu avec les pauvres de la guerre.
J'ai vu l'ancêtre jeune
graver l'auroch.
J'ai vu le guetteur

qui est la plante oreille et la plante œil,
prendre racine.

14

Les soldats en marche que la boue
retient
avec des baisers de nourrice.
J'ai vu ce que l'homme aurait pu être
et ce que, grâce au ciel, il n'est plus;
car alors il fallait s'en tenir à l'éponge.

15

J'ai vu le vrai héros qui se surmonte
et le criminel timide qui trouve,
enfin,
impunément, l'occasion du crime.
Celui-ci et celui-là sous la même palme.

16

J'ai entendu le bruit de la relève de nuit,
les pieds qui mâchent,
le choc du bidon contre la crosse.

17

La torpille du crapouillot, un coffre-fort
mal attaché au câble, hésite,

et tombe à pic du dernier étage,
écrasant les badauds dans la rue.

18

Le soir, à quelques mètres, j'ai entendu
le silence de Fafner,
bourré d'électriciens, de machinistes.
Il neige.
La fusillade tape ses coups de trique
sur des planches.
L'ombre des chandelles
romaines titube.

19

Déchariot! mon pauvre vieux,
qu'est-ce qu'on t'a fait?
Ton sang se sauve, et la mort entre
par quatre trous.

20

J'ai emporté le capitaine.
La voiture bascule
sur la route défoncée par les marmites.
Je lui tenais le bras
et je ne m'apercevais pas qu'il était mort

parce que son bracelet-montre
continuait de vivre dans ma main.

21

Blaise, on t'a arraché ta main droite.
Tu as porté ta main, comme un perdreau tué,
pendant des kilomètres.
Ils t'émondent
pour que les poèmes coloriés refleurissent.

22

Ce soir, Marrast monte aux lignes.
Où est ma petite chèvre ?
Elle me donnait des coups de front en marbre.
Elle broutait les cigarettes Bastos
des fusiliers marins.

23

Mon frère Paul, pilote,
Escadrille B. R.   S.P. 12.

24

Moi, je suis revenu dans la ville.
Ma chambre est chaude.
C'est le 860e jour de l'épidémie

du crime,
le 860ᵉ jour que le malentendu augmente,
et les griefs éternels.

25

Nous sommes sur un globule rouge
de dieu malade qui se soigne
et n'arrive pas à guérir.

26

Déjà le soleil se calme
la lune : un cadavre;
la terre,
entre les deux,
rumine, vache,
avec ses continents peints sur le ventre.

27

O nature!
Sur un visage qui n'est plus jeune,
la résignation majestueuse apparaît,
et la vie grouille,
car la putréfaction commence.

L'homme fat se réfugie
dans la responsabilité.
Il ne veut pas être bétail du sacrifice,
il veut être le sacrificateur.
Il ne veut pas se construire une arche,
il veut être les nuages du déluge.
Il ne veut pas être
le gibier bleu de la terre
il veut offrir un banquet à la terre.

29

Or,
comme la terre n'avait plus soif ni faim,
personne n'osait se lever de table en premier.
On la gavait,
elle bavait,
avec des grimaces profondes.

30

Paix! tu gardes mal tes troupeaux,
grosse bergère endormie.

31

Quel prince, quel capitaine
ira t'éveiller
où tu dors?

Là-bas, partout, l'aube couchée
l'aube mouillée, l'aube éreintée;
le spasme du canon meurtrit
ses cuisses roses.

Et la pauvre mère qui raconte pour la centième fois,
d'après le témoignage d'un camarade :
« Alors, il a dit : Ho! et il est tombé comme ça. »

Je travaille, voici la plume,
le papier : la piste blanche
où l'homme peut toréar avec le mystère.

Il joue,
il l'agace, il lui pose
son escarpin dans les frisures.
Alors, le taureau,
comme la Sainte Vierge nègre,
fleuri de sept couteaux,
tombe à genoux
et répand sa langue sur le sable.

Voici l'avenir, l'océan
où ma mort flotte à la dérive
jusqu'à ce que je rencontre sa mine,
et qu'elle coule
ma cargaison.

Voici un amour peu commode;
car soudain, sans spécialiste, sans garde
sans le mari nerveux qui arpente
le cabinet de toilette de long en large,
sort du crâne,
non la Minerve, sauterelle
des étés grecs,
mais un poème
rétif,
d'une force athlétique.

Vite je tombe dessus. Hélas,
neuf fois sur dix, d'une seule
foulée au fond, plongeur noir qui attrape
des sous, il remonte
et disparaît
dans un soda d'étoiles.

Discours du grand sommeil

✡

Or l'ange,
non le messager de Bethléem qui s'élance
de la crèche
comme un début d'incendie,
ni l'autre, ce matelot,
par la fenêtre il entre
chez la Sainte Vierge
et la touche
avec sa bosse en plumes.

✡

Pas ces monstres charmants,
mais l'ange informe,
intérieur, qui dort
et, quelquefois, doucement
du haut en bas s'étire :
il se réveille!

✧

Cet ange me dit :
                    Pars.
Que fais-tu entre les remparts
de ta ville ?
Tu as chanté le Cap du triste effort.
Va et raconte
l'homme tout nu,
tout vêtu de ce qu'il trouve
dans sa caverne,
contre le mammouth et le plésiosaure.

✧

Tu le verras dépouillé,
délivré,
matricule,
avec le vieil instinct de tuer;
mis là comme l'animal qu'on emploie
d'après les services qu'il peut rendre.
Avec la vieille loi de tuer
pour les maîtres infatués
de la ferme.

✧

Il a oublié l'usage des mots.
La vie brûlante
et somnolente...

Plante immobile, et plantes
qui bougent : les animaux.

✿

Tu verras l'Eden infect.
L'homme nu,
l'homme inconnu.
S'il rentre parmi les siens
son regard remplit sa femme de détresse.
Il assoit son corps
qui fume la pipe;
mais la pensée,
prise aux détours du labyrinthe,
reste lointaine.

✿

Il interroge peu, il raconte peu,
il tape sur ses cuisses,
il dit : « J'ai juste le temps de reprendre mon train »
et se lève pour rejoindre la chose, que l'épouse
redoute plus que la montagne
creuse où va Tannhäuser.

✿

L'Indien crache, donne sa parole
au chef ennemi et galope
vers sa tribu.

Il fume le calumet. A l'aube
il prépare son chant de mort
et retourne au poteau des supplices.

✶

Tu verras, dit-il, ces sages
bâtir dans le sable
et sur l'eau.

✶

L'homme aux sens artificiels
pour contrarier l'atrophie.
Son microphone,
ses jumelles.

Le tact se réveille   dans l'ombre
et la peur fait que toute sa peau
écoute
comme un chevreuil.

✶

Sa main fait des cigarettes,
graisse le fusil, remue
pour bien des choses
comme Marthe,
pendant que ne bouge pas
sa tête : Marie.

✢

Quitte la ville
où le chemin impair
et le chemin pair
serpentent, si emmêlés l'un à l'autre,
comme le fil au fil du tissu de soie;
alors Hercule se trompe,
se perd et s'assoit,
n'ayant plus la force de soutenir
sa massue.

✢

Sache donc quitter
ta chaise
cul de plomb. Je ne t'offre
pas un nuage.
Là-haut,
c'est solide aussi pour s'asseoir.
Mais les couleurs sont un serpent
qui ne s'enroule pas autour
des pics de neige.

✢

Jean,
tu t'occupes trop des couleurs.
Goûte un peu
un sorbet dur, qui décharge,
à bout portant,
sa chevrotine dans les tempes.

Regarde à tes pieds les touristes.
On ne monte pas plus haut, disent-ils.
Jamais personne d'entre eux ne parle
de son asthme.

Cependant l'asthme est un but d'ascension
que chacun emporte avec soi.

✡

Alors, j'entendis le rire de l'ange
me secouer avec douceur.
C'était le rire de l'enfance fabuleuse
caressant les jouets d'un sou.

✡

Il y aura aussi de quoi rire,
dit-il.

L'orage canonne encore avril, et déjà
l'hilarité du soleil prend la terre.

L'arbre, illustre cellier d'ombre,
vieillit stérile
et les oiseaux évitent
sa haute fraîcheur de sépulcre.

✿

Mais un arbre
secoué follement par le rire
lâche ses oiseaux et ses prunes.

L'imposteur exècre le rire,
car sur le vide ou le trésor il fait
la figure large ouverte.

✿

Et il reprit :

                    Jean, va

où
la longue brèche commence.
Le bazar tortueux, fourmille
de gauche à droite.

✿

Tu seras le témoin de la tempe :
L'endroit solennel
où bat l'artère,
l'endroit dur et mou de la tête,
de chair et d'os.

Les écailles d'acier, les bosses, la dune
caméline. De lieu en lieu
s'incruste l'artillerie
où miroite la lune.

✡

La bête de mort sans nom,
lacustre,
reconnaissable à son haleine
dans la boue,
et qui respire à travers les provinces.

✡

Regarde :
Ici pend sa langue barbelée
dans les vagues,
et là, sa queue trempe entre les archipels,
Corfou et Mytilène.

✡

Il dit : « Tu entendras la mer du Nord. »

L'ange se tut.
J'entendis :

(car l'oreille de l'homme est un coquillage
qui aime le bruit de la mer)
le baiser des poissons manchots,
les poumons, le cerveau,
mes éponges profondes,
et l'arbuste en corail de mon sang.

170

✿

La mer rabâche le déluge,
dit l'ange.
                    Souviens-toi.
C'est la mer du Nord livide
couleur d'huître,
de litre vide.
Devant des villas en ruines
elle bouscule ses bergeries.

✿

Secteur 131,
Maroc glacial.
        Polder,
            Flandres.
Tu verras la dune couchée
aux hanches roses;
le décor féminin
rempli d'hommes;
le fleuve Yser;
la coulisse du drame, le jeu
des trompe-l'œil de la défense,
la stratégie des perspectives,
le côté face,

le côté pile,

toute la houle postiche

✲

Je guiderai ta main droite
ta main maladroite,
et je te mènerai par la main gauche
celle du bras où
j'ai fait le signe.

✲

Alors je vis à mon bras gauche
la croix qui ouvre les portes.
Et l'ange me dit :
Va, bétail.

Je t'ai fait le signe rouge
qui ouvre les portes.
Je t'enrôle dans l'usine.
Ainsi marche
et ménage ton ange
et pars
sous ce prétexte humain.

✲

Mais si, soudain,
ton regard me dénonce,
il y aura
un grand malaise dans la chambre.

Ils se pousseront du coude
et se feront des signes

par-dessus les cartes
et les journaux du soir.

✡

Invente une migraine, un vertige,
un mal d'homme,
fournis une excuse
ayant cours.
Il ne faut jamais qu'on te prenne
en flagrant délit
avec moi.

✡

Tu vas connaître la solitude.
Car seul avec soi-même
le créateur s'incline
l'un vers l'autre;
il se féconde et il conçoit
dans la tristesse.

✡

Ainsi porte-t-il un fardeau
qui bouge,
qu'il protège,
et auquel il a mal.
Il le porte d'abord dans son ventre
et après sur son dos,
comme les femmes Peaux-Rouges.

✤

Et féroce,
la jeune mère du Titanic
écrase d'un talon Louis XV, la main
du nageur qui s'accroche
au rebord de la barque
où elle sent déjà
sa fille en surnombre.

✤

Un père arpente le vestibule
qui précède la chambre
de l'accouchée,
interrogeant le docteur jovial
qui va et vient
et remet ses boutons de manchette.

✤

C'est de toi seul,
qu'il faut attendre
le baiser après la délivrance
et le forceps, et ce miracle
d'être un de plus dans la chambre
qui sent le linge, le chloroforme.

✤

Ainsi parlait l'ange informe
qui donne l'ordre de mission
pour aller voir.

✿

L'époque, murmura-t-il,
ne nous appartient pas plus
qu'une bourse qu'on trouve
et qu'on rapporte
au commissariat de police.
Elle appartient à l'avenir,
et peu
la lui rapporteront intacte.

✿

Il dit :   Je n'entre pas en toi.
            Je ne sors pas de toi.
Je somnole intérieur.
Je me réveille aux harmoniques.

✿

Et quelquefois,
te croyant libre,
(l'illusionniste infatué, s'imaginait,
ne préparant plus le tour d'avance,
sortir de sa manche, les cages)

en vain tu tentes,
pendant le sommeil qui m'ancre
aux profondeurs
une lutte morne entre ta tête étanche
ta main et l'encre.

✼

Mais seuls, mon ordre, ma tactique
délivrent
le texte emprisonné
qui préexiste,
et, déjà,
patiente en désordre
dans l'alphabet.

✼

Fou
qui cherches à rompre seul l'enduit vierge
cachant la phrase entre toutes,
et qui,
non point rampe
de ci de là,

mais émerge,
d'un seul déclic,
hors sa nuit blanche,
et entre à pieds joints dans le chant.

✼

Va, dit-il, et il dit : Va.
Et il dit : Allons.
Car il s'endormait en moi
et il savait que j'irais seul
mais que nous irions tout de même ensemble.

✡

Qu'il me fallait, moi, comme ordonnance,
comme interprète,
comme véhicule,
que ce sera long
et qu'il y a un moment
où la cantine est prête, où
où

Enfance

Il faut partir,

c'est sept heures.
Voilà l'omnibus du collège.

✡

Boucle ton sac plein de leçons mal sues,
écolier. Nuit dans les yeux.
Un morceau de pain
dans la bouche.

Maman

Tête au balcon
à l'envers
sur le monde.

Décembre.   On part.

Le baraquement des   Anglais :
L'équipe volontaire de la Croix-Rouge anglaise
Ils construisaient infatigablement
leurs cabanes détruites par l'eau,
leurs   tentes   arrachées par la bourrasque.
La nuit les hangars s'envolent.

Le dimanche, après la tempête,
ils prennent leur tub debout
dans les décombres.

C'est chez eux que j'ai relu Dostoïevski,
(ce qui peut paraître drôle au premier abord).
Mais   on était comme un capitaine à son bord,
comme au Colorado, comme en Sibérie.

Je me promenais seul dans la famille Karamazov
(voyage difficile à cause du diminutif des noms)
et malgré les éclairs de chaleur du canon,
je partageais, à plat ventre, d'autres catastrophes.
On voyait le chien mordiller le petit chat,
entrer et sortir des garçons vêtus en loups de mer.
Un d'eux entamait le pot de confitures amères.
Je ne sais qu'une chose dit à voix basse Alioscha,
ce n'est pas toi qui as tué le père.
Mes bons amis anglais c'est chez vous que j'ai le moins
                                            [froid;
je regarde le portrait en couleurs de votre reine et de
                                            [votre roi,
la patience de vos gestes,
la manière de mettre bas vos vestes,
pour le travail, pour la sieste.

La Douche

L'usine à faire les morts
Avait son service d'hygiène.
Tous les jours deux cents condamnés,
Vont à la douche.

Deux cents bestiaux tout nus,
Sauf le bracelet matricule.

Ils se débattent   presque tous,
Tellement ils ont peur de l'eau.
Ils veulent garder leur chemise.
Mais les fusiliers marins
Savent la valeur de l'eau douce
Qu'on respecte comme une   vierge
Sur les voiliers.

On met les capotes, les casques,
A bouillir dans   une étuve.
Les casques, on dirait des moules.
La chaleur charme les poux.

Serre chaude. La buée
Cache une drôle de floraison.
Camélias, fumier qu'on   force
A fleurir toutes les saisons.

Pauvre chair en fleur, jeunes arbres
Enracinés dans   la   boue,
Vous attendez, toujours debout
Une promesse de faux marbre.

Tous les rires   sont en patois;
Mais, ah! je reconnais un geste...
Ce voyou se frottant le bras,
Ce cycliste, Paris, c'est toi.

Le tour des nègres est un drame.
Ils refusent de se montrer nus.
Ils résistent de toutes leurs forces.
A moitié morts à l'ambulance,
Chargés d'amulettes, d'écorces,
De coquillages inconnus,
De désespoir, de silence,
Ils pensaient à cacher leur sexe.

Les nègres sont Antinoüs
Vu dans un noir miroir convexe.
Malades, ils   deviennent mauves.
Ils toussent. Hélas! où sont-elles
Vos îles ?   et vos crocodiles
Où sont-ils ?

Nègres nous avons le cœur dur.
Chez nous on n'aime que l'ennui.
Votre corps, votre âme sont purs,
Comme du corail dans la nuit.

Les zouaves, après la douche,
Se font des farces de collège.
Ils se parlent du bout du monde,
En enroulant leur ceinture.

Maintenant, c'est la chéchia.

Au 4e zouave de marche,
On l'entre sur l'oreille droite.
Elle est basse sur la nuque
Une frange de cheveux dépasse.

Au 3e zouave on la rentre
Par derrière. L'oreille est libre.

Le 2e zouave. la porte
Ouverte, le gland en   arrière.
Elle cache les oreilles.

Au 1er zouave c'est pareil
Mais sans cacher les oreilles.

Ballade de l'enfant du nord

(Route de l'Éolienne)

Comme l'éclair, le tir des pièces
de marine : un grand liseron
pâle   aux vitres,
ma chambre bouge.

Pour une fois que je couche
dans un lit en pleine mer,
c'est l'orage!

Les étalons de l'horizon
tapent du pied dans les parois
de l'écurie.

Du reste les parois   s'écroulent
de gauche à droite.

Dans les veilleuses du télégraphe,
toute la nuit brûle un chant triste.
Braise de son. Le vent l'attise.
Sur la route de l'éolienne.

Sur la route de l'éolienne,
sous une tempête d'étoiles,
une équipe d'Irlandais
répare le télégraphe.

Autour d'un camion (troupe
de nains vêtus de peaux de bêtes)
les petits fous du roi Lear
accordent le vent du nord,
les cordes cassées de sa harpe.

Sur la route de l'éolienne
les petits fous du roi Lear,
puisque c'est lyre qu'il faut lire,
arrangent l'instrument d'Eole.

Si on attache mal son casque,
il s'envole comme un pétase,
à tire-d'ailes.

On a plein la bouche, les yeux,
un grésil de sable et d'étoiles.
Passent des saintes familles :
Un âne, un nègre en robe bleue
qui berce un paquet de toile.

Au bout de la route en folie,
le matin on voit la mer
et un mur. On lit sur ce mur :

BRASSERIE DE L'ENFANT DU NORD

Après c'est le chemin des dunes.

Si d'Icare le plongeon
couvre les vagues de plumes,
ta bière joyeuse écume
Touroutt, ville des pigeons.

L'enfant du Nord apprend à lire.
Il dansa trois jours; il est mort.
C'est une forme du délire.
Le roi des aulnes les endort
sur la plage d'Antibes.

Ah, mon Dieu! quel est, qui titube,
ce cortège   dans la coulisse
au théâtre des féeries?

L'enfant du Nord meurt de peur.

Ce n'est qu'une troupe de nègres,
victimes de métamorphoses,
avec le groin contre les gaz
sur la figure. Il les protège,
mais les empêche de voir.

Ces   masques sont   plus indécents
que ceux de la Côte d'Ivoire.
Ils ont l'air d'objets de toilette.
Ils sont mous, humides, roses,
garnis de tulle, de rubans.

Au chant des veilleuses tristes
qui fleurissent en série
à la tige du poteau
comme un muguet de faïence,
vous sentez la défaillance
vous saisir un peu trop tôt,
sur les plages merveilleuses,
enfant de la brasserie.

Ce désastre éolien,
de votre danse étonnée
brise le dernier lien;
et   son souffle vous marie
à la Méditerranée.

Alors je m'endors dans le poste
où les tirailleurs jouent aux cartes.
La bouillotte chante en arabe.
Enfant du Nord les mers mortes
dans sa fontaine de marbre
jalousent votre bière d'or.

Malédiction au laurier

Tu écartes dans tous les sens tes branches,
Soleil du soir, cerisier en fleurs.

Voici de Mars en nous   que déferlent
Embruns d'amour inconnus sur les dunes.

Ici ne furent semés qu'hommes bleus
Qui, soudain, poussent jusqu'au ciel.

Ici les vergers   ne peuvent pas naître.
Le sol est un ours gourmand d'ignoble miel.

Mais ailleurs, je sais que le printemps naît
Comme Vénus, des vagues de la terre.

Aidé par les chiens, le laitier, l'angélus,
Par les coqs rempailleurs de cris, par la forge,

Par la rumeur en détail d'un village à des kilomètres,
Par moi, Vénus, qui me meurs.

Je sens avec délice en moi les folles bulles
D'où tu jaillis comme un bouchon d'or,

Vénus! debout sur la mer : feu grégeois,
Char des marins au carnaval de Nice.

Que pourrait-il sortir de notre mer morte?
Les arbres d'ici sont des épouvantails.

Maintenant le soleil est dans   la mer du Nord.
Il ne reste que les projecteurs de la côte.

Ces projecteurs aveugles font des gestes
D'automate, tâtant les angles d'un plafond.

Il ne reste plus que du froid carré,
Que cette fusillade leste,

Que ces garçons   français et allemands, statues
Face à face, cassées par des secousses,

Que ce laurier de gloire qui pousse
Sans joie, uniquement nourri de marbre.

Laurier inhumain, que la foudre
D'Avril te tue.

Ma mère, c'était bien elle (assez bien elle)
avec un tablier bordé de   velours noir
et un petit lézard de diamants à son corsage.

Elle me dit : Je viens par le tunnel du rêve.
J'ai voulu entendre le canon avec toi.
Cette nuit il y aura une attaque.
Je répondais : mais non, mais non.
Alors, elle s'assit près de moi,
elle posa ses mains sur moi,
et elle était d'une tristesse immense.

Elle me dit : Tu sais, ton frère a son brevet de pilote.
Aussitôt,
j'eus douze ans à la campagne.
Après dîner, dehors, mon camarade
Charles dit : Il paraît
que des Américains volent.
Ma mère sourit en cousant.
Mon frère, toujours incrédule.

Et   Charles dit : Je serai mort.
Il y aura une grande guerre.

Paul qui fume sous ce chêne,
volera et jettera
des bombes la nuit sur des villes.
Sur vos villes, fräulein Joséphine.

Je me réveille. Mon bras
tué s'emplit d'eau gazeuse.
Quelle heure est-il ? a-t-on dîné ?
Le lieutenant me lance un coussin à la tête.

Couche-toi donc, tu dors debout.
Je ne dors pas. Et je m'accroche
à la barque. J'entends des rires.

Mais une lame de fond m'emporte
habilement
dans les mers mortes.

Alors j'étais avec mon frère en aéroplane.
Nous planions à une extraordinaire hauteur
Nous volions à une extraordinaire hauteur
au-dessus d'un port où allaient et venaient des navires.

Il me dit : Tu vois sur ce bateau
juste au-dessous de nous
maman est dessus. Elle nous cherche.
Elle nous cherchera probablement sur toute la terre.

La cave est basse, on y arrive
comme dans un bar d'hôtel.
Les piliers de fonte soutiennent
un matelas de couches d'air
et de ciment.
L'acétylène sent l'ail.

Carbousse sent l'acétylène.
A force de lire l'almanach
Hachette il peut répondre à tout.
Atout trèfle!
Usine atroce de soupirs,
noyés roulés dans un naufrage
de couvertures.

Brousset grince des dents en dormant.
C'est le bruit d'un fauteuil d'osier;
le jour il ne peut plus le faire.
Auguste organise des battues de rats
au revolver d'ordonnance.

Que j'ai sommeil, parmi ces lutteurs
bâillonnés de polypes; du rêve
plein la bouche ils étouffent.

Ma planche et ma paille. Mon sac
se boutonne sur l'épaule.
Je fais la planche.
Lavabo.

Je dors. Je ne peux pas dormir.
Le sommeil s'arrête au bord, je ne
respire pas pour qu'il entre.
Il hésite le gros oiseau.

Ils dorment tous. Je l'apprivoise.
Ils se sont tous remplis comme un bateau fait eau.
Et soudain, flotte à la dérive,
cette épave de couvertures,
de genoux, de coudes.

Un pied sur mon épaule.
Le major souffle aussi. Plic, plic,
ploc, plic; le lavabo.
Où allons-nous? les obus tombent
sur l'Hôtel de Ville. On habite
sous leur bocage.

La fusillade tape
des coups de trique secs sur
des planches.
Je voudrais tant dormir.
La manille aux enchères
n'arrange pas les choses.

Faudra-t-il... Bon, le téléphone.
Allô! allô! VACHE CREVÉE?
Tout de suite. On y va. Je monte.

Combien la guerre met-elle de temps
à manger une ville? Elle mange
salement, grignote et garde
un détail pour le dessert.
Ainsi, parfois, l'incendie respecte
un rideau de mousseline.

Je traverse le cimetière
des Fusiliers Marins. C'est un brick
d'opium, sans capitaine, à la dérive.
Le mât, les vergues n'existent plus.
Il reste la moitié de l'arbre.
L'équipage a tout fumé; il dort.

Le pont est garni avec ce qu'on trouve à Nieuport:
des chenets, des boutons de porte, des candélabres,
des cales de piano, des briques,
des dessus de cheminée en marbre;
des Sainte-Vierge, des globes
de pendule, des bagues.

Cette nuit, dans les ruines, j'ai entendu
le travail du rossignol.

Qui donc brait, tousse, glousse,
grogne et coasse dans l'arbre
endormi debout au chloroforme?

C'est le rossignol. Il prépare
son chant d'amour;
et je sens ici, là, non : là,
cette odeur! mais c'est elle!!
c'est la rose!!!

Voilà deux ans que je n'ai pas senti de roses.

Le rosier, viril en boutons,
bientôt féminin, concentre
un explosif d'odeur
qui tue les papillons crédules.

Prépuces frisés de la rose
indécente dans la chaleur
jadis. Ici je vois,
je vois une rose rouge.

Je vois une rose froide.
Comment l'a-t-on laissée venir là?

Plus farouche que l'hyène,
le corbeau et le vautour;
car, s'ils empruntent leur lustre noir
aux morts sans paix
non ensevelis de la plaine,

194

elle,
métamorphose en grâce
hypocrite, une funèbre
gourmandise de tombeaux
où paît sa jolie bouche
profonde.

Ode à la pipe

Pour que s'échappent du bûcher,
De Vénus les colombes molles,
Nos soldats bleus, les vierges folles,
Savent ne pas l'effaroucher.
Lors se pose à leur front penché
De ses rubans mainte auréole.

Ainsi les feux de la Saint-Jean
Sur les collines de Norvège
Sont les groseilliers de la neige.

En Norvège, un ange d'argent,
Habite le balcon des gens
Et contre l'hiver les protège.

Aussitôt un nuage neuf,
Va, sorti de la cheminée,
Rejoindre la colombe née
Sous les braises, Vénus, d'un œuf
En écume : ta sœur aînée.

Froid de Saturne, d'Altaïr,
Étoiles d'éther et de menthe,
Qui donc vous apprend à haïr,
Bleus soldats que Vénus tourmente ?
Votre chair, rude à défaillir,
Serait, sous le soleil, aimante.

Ah, Vierges ! pour vous apaiser
(Car le moindre feu vous apaise)
Serrez cet autre cœur de braise
Qui rougit à votre baiser.
Ainsi fîtes-vous un brasier
De votre cœur, Sainte Thérèse.

Dans les salives de la mer
Que suce avidement la rive,
Reconnaissez votre salive,
Revenant d'un varech amer.

Un souvenir de Saint-Omer
N'a pas de couleur plus naïve
Et vite dénouée au vent
Que les roses de l'incendie ;

Debout ! soufflez, vierges hardies !
La flamme de vos cœurs vivants
Est encor plus belle qu'avant.
Le marbre l'avait engourdie.

Tour du secteur calme

On a remplacé les coqs par des canons
contagieux. Ils se répondent
de ferme à ferme.

Il y en a un sur notre cave
qui littéralement n'arrête
pas, avec son bruit de goulot.
Chaque coup, je ferme les yeux;
réflexe absurde.

Un joli rat fait le beau
près de mon sac de couchage.
Regarde-le; cet insolent
enlève son fixe-moustaches.

La porte s'ouvre. Le matin
entre; il fume la pipe.

Il fume, il tousse. Un avion
bougonne haut. Le capitaine
roule ses bandes molletières
autour de sa grosse jambe.

Il gémit comme si c'était un pansement.
Sa cagna est pleine d'instruments de précision
pour faire des calculs de distance.

Le brave homme a oublié
qu'il tirait sur du monde.

Les douilles du 75
font un bruit de boîtes à lait.
Le capitaine Hurteau les méprise.

Dans la cave de « *Mon Bungalow* » habite
le capitaine Herbin; il est charmant.
Il écrit à sa femme :
« tu aimerais avoir mon Bungalow ».
Mais il n'en reste pas trace.

Au poste d'observation de la Marine
on collait son œil comme à un porte-plume
pour voir le Mont Saint-Michel.

On voit une église, une pièce allemande,
les Allemands chercher de l'eau.
Tout cela dans la lune.

Effet difficile à comprendre :
Mon œil si loin, le coup si près;
il part après, la flamme avant.

La marmite, pleine de chats
amoureux, épanouit
à droite un cèdre instantané
de foudre et d'ombre.

J'ouvre la boîte de conserves.
La clef casse
neuf fois sur dix.

Entre les côtes de la baleine
rouge : les portraits de famille.
L'abri métro élastique.
Une torpille là-dessus :
La lampe plonge.

J'aime aussi la route agréable
après la grosse pièce anglaise.
Comme des chevaux s'entrebaisent,
au loin, les projecteurs ennemis.

Sur cette route, mon cher Jean de Gouy,
je vous ai trouvé un soir en panne,
avec vos autos-canons. Je n'ai jamais
entendu tant dire : Nom de Dieu.

Elles étaient toutes ensablées,
crachant, mugissant des roues.
On a fini par les sortir, au moyen
d'une combinaison de planches.
Vous portiez d'étonnantes lunettes bleues.

Dans une de ces vieilles boîtes
à conserve mécaniques,
dormait, ivre-mort, un marin,
qui ne s'était aperçu de rien.

Ensuite, je vous visitai, au repos,
sur le bord d'un terrain vague.
Vous habitiez une villa de bains de mer en ruines.
On buvait de l'absinthe, on regardait
l'école de mitrailleurs, fouettant les vagues,
comme Xerxès.

Partout l'aube glacée accouche.
Un seul canon rêve tout haut
chaque minute.
L'herbe rare, c'est le poil
de la dune, ses dromadaires.

Je monte sur les sacs, à l'angle
de la villa détruite,
dont la cave nous sert d'abri.

Dans ce froid, de même qu'un homme
qui a faim pense
à un plat, je pensais
à un feu de bois tout de cendre et de braise qui endort,
beau et méchant si on approche,
comme la figure d'un tigre.

Je suis seul avec la mer.
La vraie mer, la mer du Nord;
qui ne donne pas plus envie
de se baigner que de se mettre au feu
ou de s'enterrer vif.

Écoutez-la, elle secoue
ses millions de litres vides.
Elle remue son ventre
qui souffre et fait verdir les joues.

Pleine d'humeurs, de cauchemars,
d'épaves, de mines.
Le sous-marin, poisson de Troie,
entre, la nuit, dans le port d'Ostende.

Là-bas, au large, la torpille
touche le but. Un voilier
à cinq étages, tout à coup
lourd comme un ange de pierre
saluant la vierge, s'incline
et coule à pic.

Poison frappé, toast
ininterrompu qui va et vient
de la lèvre en sable si douce,
aux chocs des cristalleries du pôle.

Les enfants, au petit matin, recrachent
la purge sur leur mère. Ils se
convulsent. Je te vois,
élément superposant
tes fanons, tes bavolets d'huître,
devant nos villas de crime.

Colonel Quinton, sentez-vous
cette eau sinistre dans vos veines ?

La mer du Nord de Henri Heine est mal traduite.
J'ai, dans ma poche, un morceau de chocolat ; je le mange.
Si j'allais faire un tour aux tranchées ?
Ce serait un but d'insomnie.

L'aumônier grave tout Pascal
en sténographie autour

de sa canne. On dirait
une canne arabe.

Ma grosse canne et ma pipe.
Chou Rouge, le chien d'Amette,
dort aussi. Du reste,
ma manche en caoutchouc sent le chien.

Un autre 75 s'éveille,
d'un coup,
sans s'étirer, déchire
un coupon d'aube.

Le colonel serait furieux s'il me voyait
ne pas prendre
son système de boyaux.
Mais à cette heure-ci le colonel dort
le Kaiser dort, le général Joffre dort
le roi des Belges dort, ma mère
dort.

Il n'y a que ces deux canons et moi
et un orgue rose avion loin,
plus haut, plus haut, plus haut
que les patries.

Dans le petit matin ensuite
on entendait
des coqs sur la mer.

Je vis arriver les fidèles
des catacombes.

Les groupes bleus sachant le signe;
deux par deux ou trois par trois,
ou cette grappe d'insectes
qui traîne
péniblement une armoire à glace.
Dans la glace, le paysage
saute, comme en bateau.

Ils entrent tous dans les trous
du terrier qui serpente
jusqu'à l'Yser. On le surnomme :

NORD-SUD

On lit les noms des stations sur des planches.
La Concorde débouche
dans les ruines du Casino.
Les parois en sapin sentent l'hôtel suisse.
Par endroits il profite
des vieilles caves.

Campagne romaine. Affluence
énorme d'affiliés.

Complot vague. Ils seront
tous martyrs.

J'ai vu le Christ.
J'ai vu ses yeux d'épagneul. Il traînait
un rondin sur son épaule.
Il n'en pouvait plus. Il tomba
sur un genou.

Ma pipe éteinte. Les 75
réveillés,
débouchent du champagne

Je suis le lièvre des battues riches.
L'obus s'engouffre avec un bruit
de wagon-restaurant
sous des tunnels d'échos. Mais c'est Dimanche!

Le tir couronne l'avion de séraphins.
Il rentre manqué
sur ses lignes.

La mitrailleuse
haut, c'est l'oiseau
qui rit sur une seule note morte
avec un gosier d'os. Dimanche, pouce!
On devrait s'arrêter le dimanche.

Voici les retardataires.
Il y en a qui rejoignent

et qui demandent le chemin
des tranchées, comme d'une auberge.

Pauvres bonshommes! vos grosses jambes,
vos grosses moustaches,
vos gros bâtons.

La nuit, l'Yser phosphorescent.
L'obus allume, au fond,
des boulevards de magasins splendides.

Ma canne fouille
un stock d'étoiles.

On y allait exprès la nuit,
jeter des planches : paquebots
éclairés qui sombrent.

207

La blessure, c'est un nuage
de diamant. Coup d'œil
et coup de queue
d'ondine.

Un abattoir de moutons sales.
Les dos roulent à l'embouchure.
Le pont Joffre, fait en tonneaux,
en vieilles planches, en vieilles portes
par le Génie, le vrai génie.

L'écho des pas, les fûts
qui s'entre-choquent...
Il mène aux premiers sacs
de la ville.

C'était déjà Noël sans raison. Cette nuit
c'est Noël.
On attend quelque chose.
Il y a trêve; vous avez beau
ne pas me croire,
on n'entend pas un coup de feu.

La neige est molle. Il n'y a pas de neige;
mais le silence
et l'amour dépoli
de la neige.

La nuit allemande est un sapin
où se suspendent les étoiles.
Noël me donne le vertige,
m'angoisse l'âme avec douceur,
comme descendre en ascenseur.

Allons faire un tour aux lignes.
Ce sont les goumiers qui guettent.
On croira voir les rois mages,
la grosse étoile acétylène,
les crèches et les sauveurs
endormis sur la paille.

Remarquez-vous comme on marche?
On marche par un moyen d'ange.
C'est aussi le pas en rêve;
On sait voler : on s'éveille.

Votre lampe est très pratique.
Les petites lampes sont très pratiques.
La mienne est beaucoup trop grosse;
je ne trouve pas de piles.

Ha! le malaise d'ascenseur
m'empoigne au ventre. Je l'avais
en aéro, et même certains soirs d'été
A Paris en automobile.

C'est atroce, c'est doux, c'est mou.
Je ne suis pas d'ici, voyez-vous.
Je ne suis pas fait pour la terre.

N'en parlons plus. Pompéi.
La peste. Dominos debout
et les pingouins de la lune.

Amette, on posera un jour un tourniquet
à l'entrée, pour les touristes.
Voyez-vous que ce soit une fourmilière,
et que nous débouchions sur la place de la reine?

Vous en feriez une gueule!
J'avais une fourmilière sous vitre.
On y voyait la reine, au milieu, adorée
comme un veau d'or énorme.

Tenez, j'ai fait une chanson de Noël;
voulez-vous que je vous la chante?

« Où la vierge Marie? *Elle est dame de France*
et elle a eu la croix.
Où donc est son mari?
Son mari garde voie.
Et les rois merveilleux?
Ils se battent entre eux.

Le bœuf? *On l'a mangé.*
Et l'âne? *On l'a chargé.*
On a tué tous les bergers.

L'étoile? *Faisait signe aux rois,*
Éteinte par la populace.

Et le petit Jésus?
                    La classe.
                    La classe trente-trois. »

Alors nous arrivâmes au mur de la ville.
Le mur est en sacs. Çà et là
comme Antar mort debout,
les goumiers veillent.

Voici les meuniers terribles
qui gardent le moulin.

Ils ont des manteaux en journal,
des cuirasses
en peau de mouton, et si
dans le couloir boueux ta botte
glisse,
un des rois morts se retourne
et pose le doigt sur sa bouche.

Car ici le silence est fait
avec tout : de la glaise, du plâtre,
du ciment, des branchages secs, de la tôle,
des planches, du sable, de l'osier,
du tabac, de l'ennui,
des jeux de cartes.

Silence de stéréoscope,
de musée Grévin, de boule
en verre où il neige, de chloroforme,
d'aérostat.

Ici le dos des guetteurs nous méprise;
on ne rencontre personne.
Il n'y a rien de plus vide que la tranchée,
pleine du meilleur vin rouge de France.
Ici le meilleur vin est le plus jeune;
les bouteilles dorment les unes contre les autres
dans le recoin des caves,
en attendant qu'on les casse
aux soirs d'orgies.

Fusée! notre ombre danse
aux quatre coins du ciel;
déplace un catafalque. On pourrait lire
son journal. Les Allemands
ont des fusées qui éclairent
comme en plein jour.

Leur parachute est un mouchoir de soie.
Marrast les ramasse en patrouille.
Tiens! la mer est à gauche.
Je la croyais en face de nous.

Tout à coup, je l'entends. Elle ajoute
un silence à l'autre. On dirait
le silence à l'envers.
Et elle passe à droite.

Après le boyau de l'Écluse, je l'entends
à gauche, à la Maison des Choux-Rouges
et la Maison du Peintre elle nous
tourne autour. Mon cœur bat.
Amette me fait signe
qu'on arrive au terme du voyage.

Bielle! mon vieux, c'est toi? Je ne
te reconnaissais pas sous
ce passe-montagne.

Ici, sur la plate-forme
Ici, au poste d'écoute
chacun parle bas et marche
sur les pointes, comme les fils bruyants
se taisent, dans la chambre
de leur mère qui est malade.

Le docteur enfile sa manche;
on l'aide; il dit : Elle est calme...
La nuit sera peut-être bonne...
Silence d'ouate hydrophile.
Les fils veillent
chacun leur tour.

Alors mon guide au manteau bleu
se mit à quatre pattes.
Il entra, comme un chien de chasse, dans un trou
et me fit signe de le suivre.

Le terrier s'écroulera-t-il,
m'enterrera-t-il ? Mes épaules
touchent de chaque côté.

Ma tête sort dans une espèce
de cuvette capitonnée,
où tiennent deux hommes et mon guide.
Moi entier je n'y tiendrais pas.

J'entendis un nouveau silence.
Car, à douze mètres de là,
le silence allemand commence.

Entre les deux, pousse
la broussaille en fil de fer où se cabrent
les chevaux de frise.
C'est le boulevard où on meurt,
le sol qui tue
si on y marche,
comme sur le rail rouge du métropolitain.

La bande mixte, la zone
qui foudroie.
Car en haut des petites tours
du périscope,

l'œil se perche, seul sur les sacs,
comme un oiseau bleu qui tourne
sa tête de tous les côtés.

On la surnomme : Rue de la Paix.
A travers toute l'Europe
les marchands du trottoir de gauche
et ceux du trottoir de droite
par un soupirail
se surveillent.

Personne ne traverse la rue
sauf les jours de bagarre,
où il y en a, sur le nombre, qui échappent;
des épaves qui reviennent
avec le reflux.

Alors je passai mon bras dans la sape,
et je tirai sur l'imperméable d'Amette;
je ne voulais plus rester là.

Je ne pouvais plus supporter cette zone
faite d'une fausse douceur.
Car souvent les Allemands chantent
les chansons que je chantais dans mon enfance
avec mon frère et ma sœur :
O Tannenbaùm, *Le roi des Aulnes*.

Comment voulez-vous, Amette,
que je haïsse les Allemands ?
Mardi, les fusiliers du poste
d'écoute, au Mamelon-Vert,
ont appelé deux Allemands
pour pouvoir jouer aux cartes.
L'amiral les condamne à mort.

Nous rentrons par la Venise
en rêve, l'Alger vide,
l'Herculanum des tranchées.

Nous croisons arabes bleus,
gens de cendre,
gondoles bleues.

On voudrait dire : c'est ouvert,
c'est ouvert cette semaine.
C'est ouvert jusqu'à dimanche.

Dépêchons-nous de voir avant qu'on ferme;
avant qu'il fasse tout à fait noir;

avant que le gardien crie : On ferme!
Avant que la ville morte attende
que le va-et-vient des somnambules recommence.

Avant qu'on boucle l'orifice
des tunnels, des guitounes,
des vestibules.
Avant qu'on éteigne les fusées;
avant qu'on range les premières lignes,
puis les secondes lignes,
et après, les troisièmes lignes.

Avant qu'on attende
que le public las des musées
s'écoule
le long du fleuve; que la foule
à qui on a refusé des tickets s'en retourne.

Mais ici la séance est ininterrompue.
Car cette ville calme, cet égout
étoilé, sont moins sûrs
que Vera-Cruz pendant la peste.

Même
il arrive qu'un promeneur
n'entende pas gémir l'oiseau
des balles mortes;
et, sans rien comprendre, il sent
sa figure vaporisée
avec du chlorure d'éthyle.

Et, de nouveau, comme un joueur d'échecs
déplace une pièce, la nuit
déplaçait la rumeur de la mer
de tous les côtés autour de nous,
à droite, à gauche des mille murs
du labyrinthe.

Capitaine! mon capitaine!
nous allons arriver. Quelle route!
Ces trous d'obus. Le brancard
défonce la paroi en mesure. Impossible
de l'attacher. Mon capitaine!

J'ai sa main qui sue, son bracelet-montre.
Pitié. Achevez-moi. Prenez mon revolver.
Soyez charitable. On arrive,
mon capitaine, on approche.
On ne voit rien au dehors. Sa balle
est dans le ventre. *Ma femme*
Ma femme, il faut...
Taisez-vous, ne me parlez pas.
Vous parlerez à l'ambulance.

Sortons d'abord de ce chemin
où les marmites...
Pouf! Quatre. Sa pâleur
éclaire; on voit ses mains,
sa moustache qui tremblent.

Calmez-vous, mon capitaine,
on approche. *Où sommes-nous?*
A Goenendick. *Encore!*
Je ne pourrai jamais
Il vaut mieux m'achever.

Calmez-vous, mon capitaine.
A boire. Il ne faut pas boire.
Il saute! Ha, je me
couche sur ses jambes
pour qu'il ne saute pas dans cet enfer
de ferraille, de bois, de vaisselle.

Gabin! ralentissez. Gabin!
Gabin! Je tape. Il n'entend pas.
Qui pourrait-on entendre?

Cet endroit du boyau « Caporal Mabillard » est traître
on y est vu en biais.
Voilà déjà cinq victimes.
Bon Dieu, quel choc! il ne dit rien.
Il râle, il s'accroche à ma veste.

Mon capitaine, accrochez-vous.
Cet homme enfant et ces enfants
qui sont des hommes.
On ne sait plus quoi dire.

Je voudrais le sauver, le tuer.
Ma femme. Taisez-vous.
A boire. Taisez-vous.
C'est pour votre bien. Il faut guérir.
Je vous emmène à l'hôpital.
dans un lit frais, avec des femmes,
votre femme. *Oh! quel choc.*
Je n'en peux plus. Je n'en

peux plus. J'ai soif. Les yeux finissent
par voir clair dans le noir : ses jumelles,
ses bottes, 57, l'uniforme
arraché par Rodrigue au poste.
Sa fiche. Son étui à cartes.

Calmez-vous. Si j'avais de
la morphine. Là, là, là.
Ici la route est meilleure.
Gabin a dû prendre à gauche.
C'est un détour, mais c'est meilleur.

Son casque roule aux quatre coins
comme une grosse coquille de moule.
J'ai la migraine, la nuit
étroite empeste. Il doit avoir
la vessie perforée.

Il se calme.
Il se calme. Il se
calme.
Il est mort.

Ce mort qui saute, comment faire ?
Je le tenais par le bras;
son poignet vit. Non, c'est sa montre.
On reconnaît la mort à sa pose
et au poids du bras. Souvent,
après avoir dormi dessus, le matin,
j'ai porté ma main morte.

Quel cercueil infernal! Ce tapage
des douze crochets à sangles sur les tringles.
Je suis seul au monde
à vous savoir mort, pauvre capitaine.
Votre femme et votre fille font des visites.

Sa tête roule et son autre
main tombe
sur les planches,
comme un caillou.

La prise d'air n'ouvre plus.
Dans les lignes, il disait : « *J'ai mon compte.*
Pourquoi vous exposer pour rien?
Laissez-moi ici, j'ai mon compte.
Le passage à trois est dangereux ;
vous allez recevoir une balle. »

Ils ont tous cette douceur
d'une image, d'un calendrier,
d'un abat-jour.

Délivrance des âmes

Au segment de l'Éclusette
On meurt à merveille.
On allait prendre l'air dehors;
On fumait sa pipe; on est mort.

C'est simple. Ainsi, dans les rêves,
On voit une personne en devenir une autre,
Sans le moindre étonnement.

La mort saute, lourde écuyère,
Qui vous traverse comme un cerceau.
Car ici les balles perdues
Sont oiselets d'un arbrisseau
En fil de fer.

Ce bocage barbelé
Endort mieux que vos pommes bleues,
Vergers du chloroforme.

L'oiseau qui change de cage,
Jamais sa plainte n'informe.
Car l'oiseau dont le chant tue
Traverse un autre chemin.

La mort fait une statue
Sans regard et d'ombre ailée,
Refroidie en un tour de main.

Comme le nez du lièvre bouge
Bouge la vie, et, tout à coup,
Ne bouge plus. Un sang rouge
Coule du nez sur le cou.

J'en ai perdu des camarades!
Mais Jean Stolz le plus spécial.
Un vrai mort est d'abord malade...

Je ne l'avais pas vu, je crois,
Depuis qu'il jouait à la guerre,
Et moi je jouais au cheval.

Mon dernier souvenir de Stolz
Est en zouave de panoplie.

Je lis son nom sur une croix.
Et, d'après ce nom que je lis,
Je vois l'enfant de naguère
Déguisé dans une tombe.

L'Éclusette est un bon endroit
Pour s'embusquer de guerre lasse.
On n'y manque jamais le tour
Qui met l'endroit à l'envers.

Ce tour on a beau le connaître,
Il est tellement réussi
Qu'on n'y voit que du feu.

Ennemi, tu es un habile
Escamoteur. Ton revolver,
Vous délivre, colombes.

Visite

J'ai une grande nouvelle triste à t'annoncer : je suis mort. Je peux te parler ce matin, parce que tu somnoles, que tu es malade, que tu as la fièvre. Chez nous, la vitesse est beaucoup plus importante que chez vous. Je ne parle pas de la vitesse qui se déplace d'un point à un autre, mais de la vitesse qui ne bouge pas, de la vitesse elle-même. Une hélice est encore visible, elle miroite; si on y met la main, elle coupe. Nous, on ne nous voit pas, on ne nous entend pas, on peut nous traverser sans se faire de mal. Notre vitesse est si forte qu'elle nous situe à un point de silence et de monotonie. Je te rencontre parce que je n'ai pas toute ma vitesse et que la fièvre te donne une vitesse immobile rare chez les vivants. Je te parle, je te touche. C'est bon, le relief! Je garde encore un souvenir de mon relief. J'étais une eau qui avait la forme d'une bouteille et qui jugeait tout d'après cette forme. Chacun de nous est une bouteille qui imprime une forme différente à la même eau. Maintenant, retourné au lac, je collabore à sa transparence. Je suis Nous. Vous êtes Je. Les vivants et les morts sont près et loin les uns des autres comme le côté pile et le côté face d'un sou, les quatre images d'un jeu de cubes. Un même ruban de clichés déroule nos actes. Mais vous, un mur coupe le rayon et vous délivre. On vous voit bouger dans vos paysages. Notre rayon à nous traverse les murs. Rien ne l'arrête. Nous vivons épanouis dans le vide.

Je me promenais dans les lignes. C'était le petit jour. Ils ont dû m'apercevoir par une malchance, un intervalle, une mauvaise plantation du décor. J'ai dû me trouver à découvert, stupide comme le rouge-gorge qui continue à faire sa toilette sur une branche pendant qu'un gamin épaule sa carabine. J'arrangeais ma cravate. Je me disais qu'il allait falloir répondre à des lettres. Tout à coup, je me suis senti seul au monde, avec une nausée que j'avais déjà eue dans un manège de la foire du Trône. L'axe des courbes vous y décapite, vous laisse le corps sans âme, la tête à l'envers et loin, loin, un petit groupe resté sur la terre au fond d'atroces miroirs déformants.

Je n'étais ni debout, ni couché, ni assis, plutôt répandu, mais capable de distinguer, ailleurs, contre les sacs, mon corps comme un costume ôté la veille. Surtout que j'avais souvent remarqué à Paris, dans ma chambre, au petit jour, cet air fusillé d'une chemise.

J'avais cet air-là de vieux costume, de chemise par terre, de lapin mort, sans l'avoir, puisque ce n'était pas moi, comme la chambre à laquelle on pense et la même chambre dans laquelle on se trouve. Alors, j'eus conscience d'être la fausse chambre et d'avoir franchi par mégarde une limite autour de laquelle les vivants, sans lâcher prise, arrangent leurs jeux dangereux.

Avais-je lâché prise ? Je me sentais sorti de la ronde, débarqué en somme, et seul survivant du naufrage. Où étaient les autres ? Je te parle de tout cela, mais sur le moment, je ne pouvais les situer, ni toi, ni moi, ni personne.

Une des premières surprises de l'aventure consiste à se sentir déplié. La vie ne vous montre qu'une petite surface d'une feuille pliée un grand nombre de fois sur elle-même. Les actes les plus factices, les plus capricieux, les plus fous des vivants s'inscrivent sur cette surface infirme. Intérieurement, mathématiquement, la symétrie s'organise. La mort seule déplie la feuille et son décor nous procure une beauté, un ennui mortels.

Constater cela me suppose sorti du système. Il est donc anormal que je constate. Je ne constaterai plus dans quelque temps. Ce temps représentera-t-il chez vous une seconde ou plusieurs siècles ? Bientôt, je ne comprendrai plus ce que je suis, je ne me souviendrai plus de ce que j'étais, je ne viendrai plus parmi vous. Ah, solitude ! Nageur noyé, déjà je fonds ! déjà je suis écume ! Tu sais, j'ai peine à trouver des mots qui répondent aux choses que j'éprouve. Aucune puissance ne m'a défendu cet essai d'éclaircir les mystères, mais je me sens un drôle de coupable, car je suis déjà l'organisation que je dénonce. Et je ris moi-même, comme les affiliés se voyant trahis par un novice mal au courant de leurs secrets, tellement j'ai de peine à expliquer ma pénombre.

Mais, du reste, ce que je te raconte n'est-il pas un simple reflet de ce que tu penses ? Je ne dis pas cela pour construire autour de toi un piège en glaces. Je m'exprime encore trop humainement pour ne pas me méfier de moi.

Ce qui t'étonne, c'est que je parle comme tes livres, que je sache si bien ce qu'ils contiennent. J'étais de ceux qui doutent. Tu ne me grondais pas. Tu ne m'expliquais pas. Tu me traitais comme un enfant, comme une femme. J'étais naïvement ton ennemi.

Je te demande pardon. C'est pour te demander pardon que j'ai fait l'étrange effort d'apparaître. La poésie ressemble à la mort. Je connais son œil bleu. Il donne la nausée. Cette nausée d'architecte toujours taquinant le vide, voilà le propre du poète. Le vrai poète est, comme nous, invisible aux vivants. Seul, ce privilège le distingue des autres. Il ne rêvasse pas : il compte. Mais il avance sur un sable mouvant et, quelquefois, sa jambe enfonce jusqu'à nous.

Maintenant, je dénombre tes mécanismes. Je comprends ta pudeur que je confondais avec ma nuit.

Avec le public, j'ai souvent pris pour des ébauches tes pages discrètes comme les blocs de quartz où l'eau solide pense une forme dont un angle seul apparaît.

Et tes givres, tes décalcomanies, ce mot de l'énigme écrit à l'encre sur une feuille pliée vite en deux que tu ouvres ne contenant plus qu'un catafalque. Et, dis-moi, lorsque les naufragés du *Ville de Saint-Nazaire* racontent qu'ils virent tous, la nuit en pleine mer, un Casino avec des marches, des lampions, des massifs de lauriers roses; la mer, la brume et la faim, ne firent-ils pas œuvre de poète? Voilà qui ne relève pas de cette hallucination individuelle que te reprochent tant d'aveugles. Mais ces gens de la felouque étaient accordés par la souffrance. Je ne souffrais pas avant de mourir. Maintenant, ma souffrance est celle d'un homme qui rêve qu'il souffre. Ce rêve est généralement provoqué par quelque douleur.

Tout cela, tout cela s'apparente au tour dont je viens d'être victime. On dirait que c'est un vieux mort qui te parle. Il est si tôt que la relève ne m'a même pas encore trouvé. Je suis aussi auprès de ma mère. Je te vois dans ton lit et je me vois dans la pose d'un homme myope qui cherche son lorgnon sous un meuble. Je commence à me dissoudre. Pour que tu comprennes, il faudrait multiplier à l'infini le mensonge que fait une boulette qu'on roule avec le bout de ses doigts croisés l'un sur l'autre.

Je voudrais qu'on me dise depuis combien de temps je suis mort.

Désespoir du nord

Ce soir je chante, fécond pour moi, cygne.
Un bateau d'enfant. Ophélie au fil
De l'eau. Bats le lit, ô fée
Méchante. Une aubade.

Rien que l'aérostat, cible soutenue
Par les anges de l'église :
Paysage invisible à l'œil nu
Si tu changes de fauteuil, aérien visage.

Le mollet, dur nuage en perspective
Fausse du périscope, et le ballet de Faust
Où la soucoupe s'envolait : Péri
De l'hallali du littoral.

Accepte d'un fumeur la bague d'ombre
Et le sceptre. S'il meurt, vécûmes.
Dans la housse d'algues et d'ambre
Où l'on écume les heures.

C'est mon corps ouvert en deux qui parle.
Versez encore ce vin ignoble
D'eux, les vignobles qui décorent
La véranda en perles de verre, et les douves.

Debout! écorché vif, nuit des caves,
Où le soleil de la mer casse
Les bouteilles. Avoue.

Ce soir je chante une aubade. O fée
Méchante, invisible à l'œil nu
Du littoral. Accepte la housse
D'ombre et le vin écorché vif.

Un bateau d'enfant, paysage
De périscope. Les heures,
C'est mon corps debout : nuit des caves.

☼

Je suis seul dans un autre monde
Que moi, sans armes, fontaines.
La haute Suisse au mois de mai s'incline,
C'est la fonte des larmes.

L'ange qui fait un scandale dont
Il ne se rend pas compte, enjambe
La colline de Pâques,
Les langes sur les bancs, les muguets.

C'est aussi l'ange échevelé en chemise,
Voilier qui sombre. Voilà. A
Qui sont ces hanches d'aurore ?

Sur les socs d'incendie, mars
Colore les joues. Coq d'Arles,
Feu ! L'ange au col de merle,
Sa crête en loques.

Dans ma main, d'astres les ramures,
Démasquent l'abri du berger
Des Landes ; le lendemain,
Le mur des Indes.

Les chiens qui font lever la nuit
Me font lever la nuit. Entends-tu Vénus ?
Les coqs chantent. La nuit les coqs tuent.
L'âne lèche ce qui va naître : les champs,
Le fond des bois.

Fontaines de mai, les muguets d'aurore
En chemise, sur les socs d'incendie.
Berger, les coqs des Landes chantent.
Vénus va naître.

Je suis seul, sans armes, colline de Pâques.
Voilà mars, le mur des Indes,
Le fond des bois qui me tuent.

L'Adieu aux fusiliers marins

On me rappelle dans la Somme.
Justement, ce soir, je devais
rejoindre Marrast à la dune,
pour faire une patrouille.

Je viens de dire adieu aux fusiliers.
Je retourne, seul, à Coxyde,
avec mon chevreau. Son profil
de cadavre bêle.
Il casse toutes ses pattes.

La route morte tire en arrière,
lourdement, celui qui part;
et en avant elle s'enfonce,
comme un couteau.

Il ne s'agit plus de chanter
« *Auprès de ma blonde* »

ou « *Les filles de Camaret* »
ou « *La Frégate d'Angleterre* ».
Ma figure se gonfle d'eau tiède
qui déborde.

Je ne reverrai plus les villas
de Nieuport, espèce d'Asnières.
La cuisine des ALCYONS.
Là, quatre diables, le torse nu,
tatoués de cœurs et d'ancres,
flamboyaient autour des marmites.

Un chien passe, l'œil au ciel.
Il porte dans sa bouche grave
la pipe du brigadier,
qui marche derrière.

C'est ce soir le 22 juin;
la journée de l'année la plus longue.
Elle traîne, elle s'attarde.
Moi aussi, je m'attarde, je traîne.
Nous n'osons nous dire adieu.

Ainsi fait la bien-aimée
sur le marchepied du wagon.
Au poignet qui passe, elle attache
le fil de son cœur enroulé.
Lorsque le train part, il dévide
tout le cœur; la bien-aimée meurt.
Et morte, elle doit s'en aller
de la gare, du monde vides.

Moi qui adore le soleil comme un sauvage,
ai-je aimé cette mer du Nord !
J'ai aimé ces villas laides.
Et pour aimer choses si laides
Il faut aimer tendrement.

Laideur, ma pauvre maîtresse,
je te plains, et je t'épouse
plus vite que la beauté.

Finiras-tu journée triste ?
Quittons-nous une fois pour toutes.
Quittons-nous courageusement.
Plonge ton soleil dans la mer,
baigneuse timide.

Marrast, Cigly, Combescure,
vous êtes des héros charmants.
Sans doute aurais-je aimé la guerre
Si j'étais resté près de vous.
J'aurais laissé partir mon ange
si j'étais resté parmi vous.

Il m'avait dit : « Va, Jean, l'époque
est une bourse qu'on trouve. »
Il n'a pas dit : « Ouvre la bourse,
et dépense le contenu. »

J'allais le rendre ridicule.
C'est alors qu'il se déracine
et ne laisse rien en échange.

Dors replié, bel ange enseveli vivant.
Imite, intérieur, le cygne,
qui met son cou majuscule,
comme un bras nu sous l'oreiller.

Je te porte, je me résigne.

Adieu marins, naïfs adorateurs du vent.

Table

ŒUVRES DE JEAN COCTEAU

POÉSIE

POÉSIE, 1916-1923 (Le Cap de Bonne-Espérance. — Ode à Picasso. — Poésies. — Vocabulaire. — Plain-Chant. — Discours du grand sommeil) *(Gallimard)*.

ESCALES, avec A. Lhote *(La Sirène)*.

LA ROSE DE FRANÇOIS *(F. Bernouard)*.

CRI ÉCRIT *(Montane)*.

PRIÈRE MUTILÉE *(Cahiers Libres)*.

L'ANGE HEURTEBISE *(Stock)*.

OPÉRA, ŒUVRES POÉTIQUES 1925-1927 *(Stock et Arcanes)*.

MYTHOLOGIE, avec G. de Chirico *(Quatre Chemins)*.

ÉNIGME *(Édit. des Réverbères)*.

MORCEAUX CHOISIS, POÈMES, 1916-1932 *(Gallimard)*.

LA CRUCIFIXION *(Édit. du Rocher)*.

POÈMES (Allégories. — Léone. — La Crucifixion. — Neiges. — Un Ami dort) *(Gallimard)*.

LE CHIFFRE SEPT *(Seghers)*.

APPOGGIATURES *(Édit. du Rocher)*.

CLAIR-OBSCUR *(Édit. du Rocher)*.

POÈMES, 1916-1955 *(Gallimard)*.

PARAPROSODIES *(Édit. du Rocher)*.

CÉRÉMONIAL ESPAGNOL DU PHÉNIX suivi de LA PARTIE D'ÉCHECS *(Gallimard)*.

LE REQUIEM *(Gallimard)*.

POÉSIE DE ROMAN

LE POTOMAK *(Stock)*.

THOMAS L'IMPOSTEUR *(Gallimard)*.

LE GRAND ÉCART *(Stock)*.

LE LIVRE BLANC *(Quatre Chemins)*.

LES ENFANTS TERRIBLES *(Grasset)*.

LA FIN DU POTOMAK *(Gallimard)*.

DEUX TRAVESTIS *(Fournier)*.

POÉSIE CRITIQUE

LE RAPPEL A L'ORDRE (Le Coq et l'Arlequin — Carte Blanche. — Visites à Barrès. — Le Secret professionnel. — D'un ordre considéré comme une anarchie. — Autour de Thomas l'Imposteur. — Picasso) *(Stock)*.

LETTRE A JACQUES MARITAIN *(Stock)*.

UNE ENTREVUE SUR LA CRITIQUE *(Champion)*.

OPIUM *(Stock)*.

ESSAI DE CRITIQUE INDIRECTE (Le Mystère laïc. — Des Beaux-Arts considérés comme un assassinat) *(Grasset)*.

PORTRAITS-SOUVENIRS *(Grasset)*.

MON PREMIER VOYAGE (Tour du monde en quatre-vingts jours) *(Gallimard)*.

LE GRECO *(Au Divan)*.

LA BELLE ET LA BÊTE (Journal d'un film) *(Édit. du Rocher)*.

LE FOYER DES ARTISTES *(Plon)*.

LA DIFFICULTÉ D'ÊTRE *(Édit. du Rocher)*.

REINES DE FRANCE *(Grasset)*.

DUFY *(Flammarion)*.

LETTRE AUX AMÉRICAINS *(Grasset)*.

MAALESH (Journal d'une tournée de théâtre) *(Gallimard)*.

MODIGLIANI *(Hazan)*.

JEAN MARAIS *(Calmann-Lévy)*.

JOURNAL D'UN INCONNU *(Grasset)*.

GIDE VIVANT *(Amiot-Dumont)*.

DÉMARCHE D'UN POÈTE *(Bruckmann)*.

DISCOURS DE RÉCEPTION A L'ACADÉMIE FRANÇAISE *(Gallimard)*.

COLETTE (Discours de Réception à l'Académie royale de Belgique) *(Grasset)*.

LE DISCOURS D'OXFORD *(Gallimard)*.

ENTRETIENS SUR LE MUSÉE DE DRESDE, avec Louis Aragon *(Éditeurs français)*.

LA CORRIDA DU PREMIER MAI *(Grasset)*.

LE CORDON OMBILICAL *(Plon)*.

POÉSIE DE THÉÂTRE

THÉÂTRE I : Antigone. — Les Mariés de la Tour Eiffel. — Les Chevaliers de la Table Ronde. — Les Parents terribles *(Gallimard)*.

THÉÂTRE II : Les Monstres sacrés. — La Machine à écrire. — Renaud et Armide. — L'Aigle à deux têtes *(Gallimard)*.

ŒDIPE ROI. — ROMÉO ET JULIETTE *(Plon)*.

ORPHÉE *(Stock)*.

LA MACHINE INFERNALE *(Grasset)*.

THÉÂTRE DE POCHE *(Édit. du Rocher)*.

BACCHUS *(Gallimard)*.

THÉÂTRE I ET II *(Grasset)*.

RENAUD ET ARMIDE *(Gallimard)*.

LE BAL DU COMTE D'ORGEL, de R. Radiguet *(Édit. du Rocher)*.

L'IMPROMPTU DU PALAIS-ROYAL *(Gallimard)*.

POÉSIE GRAPHIQUE

DESSINS *(Stock)*.

LE MYSTÈRE DE JEAN L'OISELEUR *(Champion)*.

MAISON DE SANTÉ *(Briant-Robert)*.

246

PORTRAITS D'UN DORMEUR (*Mermod*).

DESSINS POUR LES ENFANTS TERRIBLES (*Grasset*).

DESSINS POUR LES CHEVALIERS DE LA TABLE RONDE (*Gallimard*).

DROLE DE MÉNAGE (*Édit. du Rocher*).

LA CHAPELLE SAINT - PIERRE (*Édit. du Rocher*).

LA MAIRIE DE MENTON (*Édit. du Rocher*).

LA CHAPELLE SAINT-BLAISE DES SIMPLES A MILLY (*Édit. du Rocher*).

LIVRES ILLUSTRÉS PAR L'AUTEUR

OPÉRA (*Arcanes*).

LÉONE (*Gallimard*).

ANTHOLOGIE POÉTIQUE (*Club Français du Livre*).

LE GRAND ÉCART (*Stock*).

THOMAS L'IMPOSTEUR (*Gallimard*).

LES ENFANTS TERRIBLES (*Édit. du Frêne, Bruxelles*).

LE LIVRE BLANC (*Morihien*).

DEUX TRAVESTIS (*Fournier*).

LE SECRET PROFESSIONNEL (*Sans Pareil*).

OPIUM (*Stock*).

CARTE BLANCHE (*Mermod, Lausanne*).

PORTRAIT DE MOUNET-SULLY (*F. Bernouard*).

PORTRAITS-SOUVENIRS (*Grasset*).

DÉMARCHE D'UN POÈTE (*Bruckmann*).

LE SANG D'UN POÈTE (*Édit. du Rocher*).

ORPHÉE (*Rombaldi*).

LA MACHINE INFERNALE (*Grasset*).

POÉSIE CINÉMATOGRAPHIQUE

LE SANG D'UN POÈTE (*Film — Édit. du Rocher*).

L'ÉTERNEL RETOUR (*Film — Nouvelles Édit. Françaises*).

LA BELLE ET LA BÊTE (*Film*).

RUY BLAS (*Film — Édit. du Rocher*).

LA VOIX HUMAINE (*Film, avec R. Rossellini*).

LES PARENTS TERRIBLES (*Film — Édit. Le Monde illustré*).

L'AIGLE A DEUX TÊTES (*Film — Édit. Paris-Théâtre*).

ORPHÉE (*Film — Édit. A. Bonne*).

LES ENFANTS TERRIBLES (*Film*).

LA VILLA SANTO SOSPIR (*Kodachrome*).

ENTRETIENS AUTOUR DU CINÉMATOGRAPHE (*Édit. A. Bonne*).

AVEC LES MUSICIENS

SIX POÉSIES (A. Honegger — *Chant du Monde*).

HUIT POÈMES (G. Auric).

DEUX POÈMES (J. Wiener).

PARADE (Eric Satie — *Columbia*).

LE BŒUF SUR LE TOIT (Darius Milhaud — *Capitol*).

LES MARIÉS DE LA TOUR EIFFEL (groupe des six — *Pathé-Marconi*).

ANTIGONE (A. Honegger).

ŒDIPUS REX (Igor Stravinsky — *Philips*).

LE PAUVRE MATELOT (Darius Milhaud).

CANTATE (Igor Markevitch).

LE JEUNE HOMME ET LA MORT *(Ballet)*.

PHÈDRE *(Ballet)* (G. Auric — *Columbia*).

LA DAME A LA LICORNE *(Ballet)* (J. Chailley).

DERNIÈRES PARUTIONS

Ce volume,
le dix-neuvième de la collection Poésie,
a été achevé d'imprimer sur les presses
de l'Imprimerie Bussière à Saint-Amand (Cher),
le 6 mai 1991.
Dépôt légal : mai 1991.
1er dépôt légal dans la collection : mai 1967.
Numéro d'imprimeur : 1416.

ISBN 2-07-030076-5./Imprimé en France.